동사만록

수신사기록 번역총서 8

東槎漫錄

동사만록

박대양 지음 · 장진엽 옮김

보고사

서문

『동사만록(東槎漫錄)』은 1884년 제5차 수신사(修信使)의 종사관 박대양(朴戴陽)이 남긴 일본 사행의 기록이다. 1811년 마지막 통신사행 이후 60여 년이 지난 1876년 제1차 수신사가 도일하였고, 그로부터 1884년까지 총 5회의 수신사가 파견되었다. 1881년 제2차 수신사의 복명 후 파견된 조사시찰단(朝士視察團)까지 합하면 총 6회의 사절단이 메이지 시대 일본을 체험하고 온 것이다. 『동사만록』은 이들의 기록 가운데 가장 마지막 시기의 일기로서, 갑신정변 직후의 조·일 관계 및 '개화(開化)'에 대한 조선 지배층의 인식을 보여주는 중요한 자료이다.

『동사만록』의 번역은 이번이 처음은 아니다. 1970년대 민족문화추진회(현 한국고전번역원)에서 『국역(國譯) 해행총재(海行摠載)』를 간행할 때 4편의 수신사 기행문을 추가하였는데, 『동사만록』이 그 중 한 편이다. 현재 한국고전종합DB에서 제공하고 있는 『동사만록』의 원문과 번역문은 1977년에 출판된 『국역 해행총재』 권11에 수록된 것으로, 이후로 새로운 번역이 출간된 적은 없다. 그러다가 최근에 한국연구재단 토대연구 〈수신사 및 조사시찰단 자료 DB 구축〉팀(연세대 한국기독교문화연구소)에서 이 자료를 다시 번역하여 수신사 기록 DB에 포함시키기로 결정한 것이다.

1884년 갑신정변의 실패는 조선의 집권층에게 '개화'의 반체제성을 환기시켜 남아 있던 개화파의 운신의 폭을 좁혔으며 청의 내정간섭이 강화되는 결과를 가져왔다. 한편 김옥균 등 정변 주도세력을 은밀히 후원하고 있던 후쿠자와 유키치(福澤諭吉)는 정변 실패 이후 아시아연

대라는 기존의 입장을 포기하게 된다. 그가 1885년 3월 16일 『지지신보(時事新報)』에 발표한 「탈아론(脫亞論)」은 이러한 입장 변화를 극명하게 보여주는 글이다. 그런데 「탈아론」에는 "요행히 이 두 나라(중국과 조선)에 지사(志士)가 출현하여 메이지유신과 같은 정치개혁을 달성하여 위로부터의 근대화를 추진할 수 있다면" 망국이나 분할을 막을 수 있을지도 모른다는 언급이 있다. 비록 정변의 실패로 조선에 걸었던 기대가 꺾이긴 했으나 그러한 개혁이 실시된다면 현 상황을 뒤집을 수 있다는 생각이 남아 있었던 것이다.

흥미롭게도 후쿠자와가 「탈아론」을 기고했을 무렵 수신사 일행과의 접촉을 시도했다는 사실을 『동사만록』에서 확인할 수 있다. 『동사만록』 2월 2일(음력) 일기에 그가 흠차 일행을 만나보고자 하여 조선 유학생을 통해 초청 의사를 전했다는 이야기가 나온다. 박대양에 의하면 후쿠자와는 신문의 지면에서 온갖 방법을 써서 조선 사절의 흠을 들추어내느라 여력이 없었다고 한다. 그럼에도 불구하고 후쿠자와가 이들을 만나보고 싶어 했던 이유는 무엇이었을까. 정사 서상우가 이 요청을 단번에 거절하였기에 이 만남은 성사되지 못하였고, 결국 후쿠자와가 그들을 어떤 말로 '설득'하려 했는지는 알 길이 없다.

위의 기록을 비롯해서 『동사만록』에는 당시의 급변하는 세계정세 하에 조선과 일본, 중국의 관료와 지식인들이 어떠한 양상으로 소통, 또는 대립하고 있었는지를 보여주는 다양한 일화들이 담겨 있다. 이번 번역서의 출간을 계기로 이 책이 학계 전반에 폭넓게 활용되기를 바란다. 이 책은 또한 개항기, 특히 갑신정변 이후의 동아시아 정세에 관심이 있는 일반 독자들에게도 유익한 읽을거리가 될 것이다.

2017.9.25. 장진엽

차례

동사만록(東槎漫錄)

[원문]

[영인]

일러두기

1. 국립중앙도서관 소장 필사본(승계古3653-38)을 저본으로 하여 번역하였다.

2. 번역문, 원문, 영인본 순서로 수록하였다. 영인본도 국립도서관 소장본을 저본으로 하였는데, 국립중앙도서관에서 온라인으로 제공하는 원문 이미지를 이용하여 제작한 것이다.

3. 가능하면 일본의 인명이나 지명을 일본어 발음으로 표기하였다. 단, 시문에 사용된 단어나 한국식 표현, 발음을 고증할 수 없는 고유명사는 한국 한자음으로 표기하였다.

4. 원주는 번역문에 【 】로 표기하고 본문보다 작은 글자로 편집하였다. 원문에서도 동일한 방식으로 편집하였다. 각주 및 간주는 모두 역자 주이다.

5. 인물 및 사건 정보는 주로 한국학진흥사업성과포털에서 제공하는 《조선시대 대일외교 용어사전》 및 《한국외교사전(근대편)》을 참조하여 작성하였다.

동사만록

1 기본 서지

불분권 1책. 필사본

『동사만록(東槎漫錄)』은 1책 43장으로 이루어진 필사본 자료이다. 현재 국립중앙도서관에 소장되어 있으며(청구기호: 승계古3653-38) 온라인 원문보기가 가능하다. 필사 연도 및 필사자는 미상이다.

2 저자

『동사만록』은 1884년 12월 조선국 흠차대신(欽差大臣) 서상우(徐相雨)의 종사관(從事官)으로 일본에 갔던 박대양(朴戴陽, 1848~1888)의 사행기록이다. 저자 박대양에 대해서는 알려진 바가 거의 없다. 『반남박씨세보(潘南朴氏世譜)』를 통해 그의 자가 도일(道一)이며, 아버지가 제순(齊淳)이라는 사실 정도가 확인 가능하다. 당시 박대양은 과거에 급제하지 못한 유학(幼學)의 신분으로서, 그가 일본 사행에 참여하게 된 계기 역시 분명치 않다. 다만 당시 서상우가 박규수(朴珪壽)와 교유하면서 그를 통해 반남 박씨 가문의 일원인 박대양을 알게 되어 자신의 종사관으로 추천했을 가능성이 있다.[1] 한편 『동사만록』에는 박대양이 '서형(徐兄) 양백(陽

伯)'이라는 인물과 서신을 주고받은 일이 몇 차례 나오는데, 이 사람이 서씨 집안의 인물로서 박대양을 서상우에게 소개했을 것이라는 추측도 가능하다.

3 구성

권수제는 '東槎漫錄'이며, 서문이나 목차 없이 바로 본문이 시작된다. 본문은 갑신년(1884) 10월 17일(음력, 이하 동일)부터 이듬해 2월 20일까지의 일기(日記) 35장(69면), 일본의 풍속과 물정을 개략적으로 기술한 〈동사기속(東槎記俗)〉 4장(8면), 시를 수록한 〈동사만영(東槎漫詠)〉 4장(7면)으로 구성되어 있다.

4 내용

『동사만록』은 갑신정변(甲申政變)이 일어난 고종 21년(1884) 10월 17일(양력 12월 4일)부터 일본 사행의 임무를 완수하고 복명(復命)한 날인 을유년(1885) 2월 20일까지의 일기, 일본의 풍속을 개략적으로 기술한 〈동사기속〉, 사행 여정에서 지은 시 17수(서상우의 시 2수 포함)를 수록한 〈동사만영〉의 세 부분으로 이루어진다. 사행일기, 문견록, 시를 포함하는 통신사 사행기록의 전통적 구성방식을 따르고 있음을 볼 수 있다.

서상우를 정사로, 묄렌도르프를 부사로 한 일본 사행이 결정된 것은

---

1 김남이(2005), 「개화기 조선 문사의 일본 문물 체험과 일본 인식 —박대양의 『동사만록』을 중심으로—」, 『동양고전연구』 제23집, 동양고전학회, 237~238면.

1884년 10월 27일이며, 명칭을 바꾸어 서울을 출발한 것은 12월 21일
이다. 그러나 일기는 갑신정변이 발발한 10월 17일로부터 시작하고 있
어 이 사행의 목적이 갑신정변의 사후 수습임을 분명히 보여준다. 다만
사행이 출발하기도 전에 일본 전권대신 이노우에 가오루(井上馨)가 군
함을 이끌고 조선에 당도하였으며, 이에 한성조약(漢城條約)이 체결됨
으로써 정변의 수습이 일단락되었다. 결국 서상우 일행은 '전권(全權)'
에서 '흠차(欽差)'로 명칭을 바꾸어 일본으로 떠나게 된다. 『동사만록』
의 앞부분에는 이 과정이 날짜별로 제시되어 있다.

　서상우 일행은 12월 24일 인천항을 출발하여 26일 아카마가세키(赤
間關)에 도착하였고, 이튿날 출발하여 28일 고베(神戶)에 도착했다. 29
일에는 기차를 타고 오사카(大阪)에 다녀왔으며, 30일에 쾌속선을 타고
태평양을 건너 다음날인 1885년 1월 1일 요코하마(橫濱)에 도착하였다.
여기서 기차를 타고 도쿄(東京)로 이동하였다. 1월 6일에는 일본 천황
을 만나 국서(國書)를 전달하고, 2월 7일까지 도쿄에 머물렀다. 올 때에
는 고베와 아카마가세키, 나가사키(長崎)를 지나 부산으로 왔다. 일기
에는 이상의 여정에 따른 사신 일행의 공식 일정, 방문한 지역의 풍광
및 관람한 장소에 대한 묘사와 저자의 소감, 일본인들과 중국 공사(公
使) 등 여정 중 만난 사람들과의 대화 등이 기록되어 있다. 도쿄박물관,
전신국, 사범학교, 육군사관학교, 공부대학교(工部大學校), 등대국 등
의 근대문물을 참관한 기록, 로쿠메이칸(鹿鳴館) 연회에 대한 인상, 이
노우에 가오루 등 일본 관원들과의 대화, 중국 공사 일행과 필담을 나
눈 일, 일본 신문에 서상우의 스캔들이 게재된 일 등에 대한 기록이
주목할 만하다.

　〈동사기속〉은 일본의 풍속과 물정을 18개 항목으로 나누어 서술한

것이다. 항목별로 제목을 붙이지는 않았으나 그 내용을 보면 혼례, 제
례, 법령, 범죄자의 처벌, 징역의 규정, 국가 지출, 미곡의 징세, 군함,
상비병, 학교제도, 조선촌, 화재, 상인의 관리, 기생제도, 혼금(閻禁),
주택, 은행, 수돗물로 정리할 수 있다. 모두 개화 이후의 풍속과 물정
에 관한 것이다.

〈동사만영〉에는 모두 17수의 시가 수록되어 있다. 박대양이 노정에서
스스로 읊은 시가 9수, 일본인 고지마 데이조(小島貞造)에게 써준 시가
2수, 중국 참찬관 진명원(陳明遠)의 시에 차운한 작품이 3수이며, 서상우
의 시에 화답한 시 1수와 서상우가 지은 원운(原韻) 2수가 붙어 있다.

특기할 사항은 일기 부분 곳곳에 본문을 수정한 흔적이 있다는 점이
다. 단순히 잘못 쓴 글자를 고친 부분도 있고, 특정 구절의 표현을 바꾸
거나 문장 차원에서 내용을 수정한 것도 있다. 또, 불필요한 내용으로
판단하고 삭제 표시를 한 부분도 있다. 이러한 부분이 45건[2]에 이르는
데, 오자를 고친 한두 건을 제외하고는 수정 내용을 행간에 기재하여
원본 글자를 확인할 수 있게끔 해두었다. 첨삭을 가한 인물이 저자인지
아니면 제3자인지 파악할 수는 없다. 그런데 "섬나라의 오랑캐 풍속이
구역질이 날 만하다.[海島獠俗, 定以嘔腸.]"거나 "(…) 그런데도 망령되이
스스로를 과시하고 이웃나라를 업신여기니 한 번 비웃음거리도 되지
못하리라.[而猶欲妄自夸大, 傲視隣國, 不滿一哂也.]"와 같이 일본에 대한
멸시감이나 비난이 직접적으로 드러난 부분에 모두 삭제 표시를 해둔
것으로 보아, 누군가가 일본인 독자를 염두에 두고 이 책을 교정하고
있었던 것으로 추정해 볼 수 있다.

---

2 구절이나 문장 등 연속되는 부분은 1건으로 처리함.

5 가치

『동사만록』은 마지막 수신사라고 할 수 있는 1884년의 제5차 수신사의 유일한 사행기록이라는 점에서 가치가 있다.

본래 이 사행은 갑신정변의 수습을 위해 계획되었으나 한성조약의 체결로 인해 실제적인 정치적 의미가 거의 줄어들었다. 사신 일행이 일본 측에 요구한 세 가지 문제, 즉 김옥균 등 역범(逆犯)의 체포와 인도, 일본에 유학중인 생도(生徒)의 쇄환, 울릉도 목재 대금 지급 등은 그 어느 것도 순조롭게 해결되지 않았다. 『동사만록』을 통해 이러한 과정의 전말을 파악할 수 있다. 『동사만록』은 저자 본인 뿐 아니라 정사의 공식 임무 수행의 과정을 모두 담고 있으므로 이 시기 수신사의 행적을 파악하는 데 기초 자료의 역할을 할 수 있다.

한편 『동사만록』에서 가장 흥미로운 부분은 이 시기 일본의 풍속에 대한 묘사 및 그에 대한 저자의 소감이 나타난 대목이다. 박대양은 이 사행을 떠나기 전까지 벼슬이 없던 유학(幼學)의 신분이었으며, 정사 서상우는 외국과의 교섭에 종사하여 개화파로 분류되기도 하는 고위 관료이다. 그런데 『동사만록』에 수록된 두 사람의 대화를 보면 이들은 공히 개화 및 소위 개화파 인사들에 대해 부정적인 견해를 갖고 있음을 알 수 있다. 갑신정변을 통해 개화의 물결이 집권층의 안위를 위협할 수도 있음을 분명히 깨달았던 것이다. 박대양 역시 이전 시기 수신사들과 마찬가지로 기차나 전신 등의 근대문물에 경탄하고 있으나, 그러한 기술들이 사람의 이목을 현혹시켜 바른 길에서 이탈하게 한다는 식의 결론을 내리고 있다. 국내에서의 경험은 일본의 정세를 이해하는 데에도 그대로 투영되어서, 개화 때문에 일본에서 임금이 임금답지 못하고 신하가 신하답지 못하게 되었음을 지적하기도 하였다. 또, 만국공법(萬國公法) 역시 역적을 옹호하는 도구로서 부정적으로 인식되었다.

이밖에도『동사만록』에는 개화에 대한, 또 당시 아시아의 상황에 대한 이 시기 조선 관료(혹은 유자)의 특징적인 견해를 보여주는 다양한 일화가 수록되어 있다. 그러한 기록들은 곧 19세기 말 조선인들의 사고 방식을 이해하는 데 하나의 실마리가 되어줄 것이다.

동사만록(東槎漫錄)

갑신년(1884) 10월

17일

밤에 흉역(凶逆) 김옥균(金玉均), 박영효(朴泳孝), 홍영식(洪英植), 서광범(徐光範), 서재필(徐載弼) 등이 일본 군사를 믿고서 난을 일으켜 승여(乘輿: 임금)를 놀라게 하고 재상들을 살육하여 종묘사직을 위태롭게 할 모의를 하였다. 화를 장차 예측할 수 없었는데, 중국의 주방군(駐防軍) 장수 오조유(吳兆有), 원세개(袁世凱), 장광전(張光前) 등이 병사를 이끌고 궁에 들어와 왜병을 축출하고 대가(大駕: 어가(御駕))를 모시고 돌아오니, 난이 능히 평정되었다. 홍영식은 반란군에게 주살되고 나머지 네 역적은 왜병에 섞여 그 나라로 숨어들어갔다.

27일

전교(傳敎)하였다.

"참의교섭사무(參議交涉事務) 서상우(徐相雨)[1]에게 예조참판을 제수

1 　서상우(徐相雨) : 1831~1903. 조선 말기의 문신. 본관은 달성. 자는 은경(殷卿), 호는 규정(圭廷). 1882년 통리기무아문 부주사(副主事)로서 조미수호통상조약 체결에, 이듬해

하여 전권대신(全權大臣)으로 임명하고 협판(協辦) 목인덕(穆麟德)[2]에게 병조참판을 제수하여 부대신(副大臣)으로 임명하니, 일본에 가서 사무를 잘 헤아려 처리하라. 서둘러 출발하게 하라."

11월

1일

교섭아문(交涉衙門)이 초기(草記)를 올려 "유학(幼學) 박대양(朴戴陽)을 전권대신의 종사관(從事官)에 임명하고 군직을 더해주는 일"을 청하였다. "윤허한다."고 전교하였다. 당일 병비(兵批: 병조에서 무관을 임용하는 것)로 사용(司勇)에 부직(付職)되었다.

5일

교섭아문이 초기를 올려 "주사(主事) 정헌시(鄭憲時)를 참의로 승진시키고 그 대임으로 사용 박대양을 임명하도록 해조(該曹)로 하여금 구전(口傳)으로 비답을 내리게 할 것"을 청하였다. "윤허한다."고 전교하였다.

종사관으로 조영수호통상조약 체결에 참여하였다. 갑신정변 직후 참의교섭통상사무(參議交涉通商事務)에 임명되었고 곧이어 예조참판을 제수 받아 전권대신으로서 일본에 파견되어 개화파 인사의 송환을 요구했으나 실패했다. 1894년 김홍집 내각의 내무대신이 되었고 중추원의 일등의관(一等議官) 등을 역임하였다.

2 목인덕(穆麟德) : 묄렌도르프(P. G. von Möllendorff). 1847~1901. 독일 출신. 조선 최초의 서양인 고문관으로서, 외교와 세관 업무를 담당하였다. 1882년 12월 이홍장(李鴻章)의 추천으로 초빙되어 통리아문참의(統理衙門參議)에 임명되었다. 1883년 1월 통리아문이 통리교섭통상사무아문(統理交涉通商事務衙門)으로 개편되면서 협판(協辦)이 되었다. 1884년 10월 갑신정변 발발 후 일본과 한성조약을 체결하고 이어서 특파대신 서상우와 함께 일본으로 건너가 외교활동을 하였다. 1884~1885년 조선과 러시아의 수호통상조약 체결을 추진하였다. 이러한 그의 외교활동은 조러밀약설을 불러왔으며 이로 인해 1885년 5월 영국이 거문도를 점령하는 사건이 발생하였고, 그는 청나라로 소환되었다.

7일

서울을 떠나 돈의문 밖으로 나가니 눈비가 어지러이 내렸다. 눈을 맞으며 마포나루까지 갔다. 좌영(左營) 병방(兵房) 백남익(白南益)이 병사를 이끌고 나루에 주둔하고 있었는데 병으로 교체되어 심의홍(沈宜弘)으로 대신하였으나 아직 진중(陣中)에 부임하지 못했다. 눈이 그치고 바람이 불었다. 진창길이 미끄러워 간신히 부평에 도착했다. 오류동까지 30리를 가서 유숙했다. 밤에 목인덕이 인천에서 올라와서 역시 이곳에 도착해 유숙했다. 서울에 들어가서 하루를 머물고 다시 인천으로 와서 같이 출발할 것이라고 했다.

8일

맑음. 아침밥을 먹고 출발해서 제물포에 도착했다. 감리소(監理所)에 숙소를 잡고 비로소 독판(督辦)[3]에게 명함을 보냈다. 이때 독판 조병호(趙秉鎬)[4]가 담판(譚辦)할 일 때문에 참의 고영희(高永喜), 주사 이종원(李種元)과 이곳에 와서 체류하고 있었다. 본 고을 수령인 족숙(族叔) 제성(齊晟) 씨와 감리(監理) 홍순학(洪淳學) 영감(令監)이 만나러 왔다. 이날 서양 각국 공사가 독판소(督辦所)에 와서 환담을 나누었다. 저녁에 다케조에(竹添)[5]가 만나러 왔다. 독판이 모레 서울에 가서 대신(大臣)

---

3 독판(督辦) : 통리교섭통상사무아문(統理交涉事務衙門)과 통리군국사무아문(統理軍國事務衙門)의 장관급 관직으로, 정·종 1품이다.
4 조병호(趙秉鎬) : 1847~1910. 조병호는 갑신정변 후 독판교섭통상사무에 발탁되어 일본에 망명 중인 김옥균과 박영효의 소환을 일본정부에 요구하는 등의 정책을 수행하였다.
5 다케조에(竹添) : 메이지시대의 한학자·외교관인 다케조에 신이치로(竹添進一郎). 1842~1917. 1882년 임오군란 후 조선주재공사가 되었다. 김옥균, 박영효 등 독립당원을 지원하였으며 한일해저전선부설조약(韓日海底電線敷設條約), 한일통상장정(韓日通商章

을 만나서 담판을 짓는다고 하였다. 밤에 눈이 조금 내렸다.

9일

맑음. 신시(申時: 오후 3~5시)쯤에 아문(衙門)에서 상사(上使) 대인(大人)에게 보낸 편지가 도착했다. "즉시 남양(南陽) 마산포를 향해 가다가 다시 여순구(旅順口)로 나아가 배를 빌려서 도쿄(東京)로 달려가라. 목공(穆公: 묄렌도르프를 지칭함)은 서울에서 바로 남양으로 가서 기다릴 것이다."라고 하였다. 당일 밤 추당(秋堂: 정사 서상우의 호) 어른은 일찌감치 남양을 향해 떠나고, 나는 통사 한 명, 시종 한 명, 인천의 장교 한 명과 함께 행구(行具)를 갖추어 해시(亥時: 오후 9~11시)에 배에 올랐다. 배가 낡고 역풍이 불어서 끝내 출발하지 못했다. 밤에 물결 속에 누워서 율시 한 수를 지었다.【시는 아래에 나온다.】

10일

맑음. 배를 갈아탔다. 온종일 남풍이 불어서, 배를 띄웠으나 나아갈 방도가 없었다. 술시(戌時: 오후 7~9시) 무렵 비로소 서풍을 얻어 순풍에 돛을 폈다. 밤늦도록 배를 달려 팔미도(八眉隝) 밖 선자(仙子) 앞바다에 도착해 닻을 내리고 날이 밝기를 기다렸다. 눈이 선창을 두드려 머리칼이 하얗게 덮이고 이부자리에 얼음이 생겨 온몸이 퍼렇게 질렸다. 뱃사람이 밥을 내왔는데 거친 쌀에 소금물이라 삼킬 수가 없었다. 비록 천산(天山)의 눈구덩이에 있을지라도 이보다는 나을 것이다. 누워서 절

程), 일본인어채범죄조규(日本人漁採犯罪條規) 등 불평등조약을 체결하였다. 갑신정변의 사후 수습을 담당하였으며 1885년 특명전권대사가 된 이노우에 가오루와 함께 귀국하였다.

구 한 수를 지었다.【시는 아래에 나온다.】

11일

맑음. 아침을 먹고 배를 띄웠다. 하늘이 맑고 바다가 드넓으며 물빛이 맑고 깨끗했다. 섬들이 쌍쌍이 마주서 있고 돛대가 곳곳에서 나왔다 사라졌다 한다. 사공이 두 산 사이 파도가 아득한 곳을 가리키며 말했다.

"저곳이 마산포입니다. 바다 위에 섬이 푸르고 섬 위에 연기가 하얗게 끼어 있는데, 이것은 섬이 아니라 청국(淸國)의 화륜선(火輪船: 증기선)이라고 합니다."

미풍이 힘이 없어 물결이 가라앉아 일어나지 않으므로 사공들을 독려하여 노를 저어 배를 몰아서 신시에 마산포에 도착했다. 추당 어른이 먼저 도착해서 마을 오두막에 숙소를 정하고 내가 오기를 기다리고 있었다. 일행이 단란히 모이니 문득 마음이 툭 트인 듯한 기쁨이 있었다. 다만 목공이 아직 도착하지 않았다.

제물포에서 마산까지 연해의 형승 중에 제물포보다 나은 곳은 없다. 제물포는 산세가 나직하여 멀리 바라볼 수 있고 물길이 빙 둘러 있는 곳이라 배를 감춰둘 수 있으며 늪이 험하지 않아 배 대기가 편리하다. 경성(京城)이 아주 가까워 아침에 길을 떠나면 저녁이면 도착한다. 이곳은 태평한 시절에는 물자가 모여드는 곳이지만 만약 창칼이 횡행하는 때를 만나면 제일 먼저 다툴 곳은 아마 다른 곳이 아닐 것이다. 국가가 해방(海防)을 갖춤이 너무 늦은 것이 안타깝다.

12일

아침에 눈 오고 저녁에 볕이 남. 밤에 바람이 많이 불었다. 청국의 흠차대신(欽差大臣) 오대징(吳大徵)과 부사(副使) 속창(續昌)의 배가 마산포에 와서 정박했다.

13일

맑음. 밤에 좌의정과 병조판서에게서 편지가 왔다. "일본인이 장차 서울에 들어오는데 미동(尾洞) 김(金) 보국(輔國)의 집에 머무를 것이다. 각국의 공사(公使) 또한 모두 상경하므로 목공이 쉽게 떠나지 못하고 있다. 전권대신 일행은 생각건대 마산포에 오래 머물 수 없을 테니 본읍으로 옮겨가서 머무는 것이 낫겠다."고 하였다.

14일

맑음. 남양읍으로 들어가 와룡관(臥龍館) 주변의 하리(下吏) 황래원(黃來源)의 집에 숙소를 정했다. 읍의 이름이 와룡(臥龍: 제갈량)이 직접 밭을 갈던 곳과 이름이 같기 때문에 관사의 이름을 와룡이라고 한 것이다. 내가 이를 보고서 느낌이 있어 율시 한 수를 지었다.【시는 아래에 나온다.】

수령 양필환(梁弼煥)이 나와 뵈었다. 이날 오(吳) 흠차가 병정 300인을 이끌고서 역시 이곳에 묵었다.

15일

아침에 눈 내리고 오후에 갬. 당마(塘馬: 척후(斥候)를 담당하는 기병) 편에 서양백(徐陽伯) 형에게 편지를 부쳤다.

16일

흐림. 병조판서의 편지가 도착했다. "중국과 일본이 각각 대사(大使)를 파견하여 이곳에 와서 일 처리를 의논하고 있으므로 목공의 일본행이 언제가 될지는 기약할 수 없다."고 하였다. 본읍 수령이 만나러 왔다. 날마다 정신없이 바빠서 한가히 이야기 나눌 틈이 없더니 이날에서야 비로소 편하게 만날 수 있게 된 것이다. 그의 씨족에 대해 물어보았는데, 곧 전(前) 영장(營將) 주석(柱石)의 아들이었다. 주석은 만동묘(萬東廟)가 철거되었을 때 청주 영장으로 있으면서 이런 시를 지었다.

만동묘 아래 석양 비칠 때	萬東廟下夕陽時
고목나무에 두견새 울음이 슬프구나.	杜宇聲聲古木悲
초가집엔 옛일 징험할 사람 없으니	茅屋無人徵故事
계림(桂林) 어느 곳에서 남겨진 글 읽을까.	桂林何處讀遺詞
이 세상에 태어나 의(義)를 저버리기 어렵나니	有生天地難逃義
남아(男兒)라면 죽을지언정 사정(私情) 돌아보지 말아야지.	
	寧死男兒不顧私
좌진(左鎭)의 장군 인끈 던지고 일어나	左鎭將軍投綬起
서풍에 흘린 눈물 금강 가에 떨구네.	西風淚落錦江湄

그리고는 벼슬을 버리고 완전히 돌아갔다. 옛날 한 벗이 나에게 그 시를 외워서 들려주고 그 일을 전해 주었다. 내가 귀 기울여 듣고서 아름답게 여겨 잊은 적이 없었는데, 지금 그 아들을 만나니 나도 모르게 기쁜 마음이 들어 옛 친구를 만난 것 같았다.

17일

흐리고 바람 붊. 서형(徐兄)의 답서를 보았다. 병조판서의 편지가 또 왔다. 그 내용은 "일본 전권대사 이노우에 가오루(井上馨)[6]가 병선을 이 끌고 인천항에 와서 정박해 있다. 병정 4백여 명이 이미 상륙하였는데, 혹 2천여 명이라고도 한다. 모레 서울에 들어올 것이니, 일본 사행은 이를 기다렸다가 상황을 살펴본 후에 출발하라. 전권대신 일행은 서울 로 돌아와서 머무르며 기다리는 것이 좋겠다."는 것이었다.

18일

맑음. 남양을 떠나 수원까지 50리를 가서 머물러 쉬었다. 유수(留守) 김기석(金箕錫)이 나와 뵈었다.

19일

흐리기도 하고 볕이 나기도 함. 이른 아침 출발하여 40리를 가서 과 천에 도착하여 점심을 먹었다. 해질 무렵 서울에 들어왔다.

21일

흐리고 음산함. 일본 사신 이노우에 가오루가 폐현(陛見: 임금을 알현

---

6 이노우에 가오루(井上馨) : 1836~1915. 메이지·다이쇼시대의 정치가. 1875년 조선에 파견되어 조일수호조규를 체결하였으며 이후 1879년 외무경에 임명되었다. 1882년 임오 군란이 발발했을 때 당시 조선 공사였던 하나부사 요시모토(花房義質)를 지휘하였다. 1884년 12월 갑신정변이 발발하자 스스로 전권판리대신으로 부임하여 군함 7척과 군대 2천여 명을 이끌고 조선에 가서 한성조약(漢城條約)을 체결하였다. 1892년 이토 히로부미 (伊藤博文) 내각이 성립하자 내무대신에 취임하였고, 1894년 청일전쟁 이후 특명전권공 사로 조선에 파견되었다.

함)하였다. 좌의정(김홍집)을 전권대신으로 삼아 속히 일을 헤아려 처리하게 하였다.

23일

맑음. 정부(政府)가 일본 사신과 담판하여 5개 항목의 조약[7]을 맺었다.

26일

맑음. 상오(上午: 오전) 6시에 이노우에 가오루가 돌아갔다. 곤도 마스키(近藤眞鉏)가 서리공사(署理公使)가 되었다.

27일

맑음. 궐에 나아가 사은(謝恩)하였다. 돌아오는 길에 외서(外署)[8]에 가니 윤여회(尹汝晦) 형이 입직(入直)하고 있었다.

12월

7일

정사(政事)[9]를 열어 독판에 김윤식(金允植), 협판(協辦)에 박정양(朴定陽)을 임명하였다.

---

7 5개 항목의 조약 : 갑신정변의 수습을 위해 1885년 1월 9일(음력 11월 24일) 서울에서 조선과 일본 사이에 체결된 한성조약(漢城條約)을 가리킨다. 조선 측 전권대신 김홍집(金弘集)과 일본 측 전권대신 이노우에 가오루(井上馨)가 조인하였다.

8 외서(外署) : 외무아문(外務衙門), 즉 통리교섭통상사무아문(統理交涉通商事務衙門)을 가리킨다.

9 정사(政事) : 관리의 임면(任免)에 관한 일을 결정하는 인사행정.

21일

눈이 조금 내림. 사신의 명칭을 '전권(全權)'에서 '흠차(欽差)'로 고쳤다.[10] 출발하여 오류동에 도착해 유숙했다.

22일

인천항에 도착했다. 이곳 수령은 이미 상경하였다. 일본 영사관(領事官) 고바야시 하시카즈(小林端一)가 추당 어른을 만나러 왔다. 들으니 군문(軍門) 정여창(丁汝昌)이 이곳에 왔다고 하여, 감리(監理)와 함께 중국 이사관(理事官) 이내영(李乃榮)의 관소에 갔다가 요부추(姚賦秋)와 담송삼(譚頌三) 두 사람을 만났다. 밤에 요부추가 이야기를 나누러 왔다. 미목이 청수(淸秀)하고 글씨가 강건하고 묘하여 진실로 아낄 만하였다.

23일

맑음. 추당 어른이 군문 정여창과 요부추를 만나러 이사관에 갔다. 밤에 감리가 술자리를 마련하여 나를 불렀다. 흠뻑 취해서 돌아왔다.

24일

눈이 조금 내림. 사정(巳正: 오전 10시)에 일본의 상선(商船) 고스게마루(小菅丸)에 올랐다. 미시(未時: 오후 1~3시)에 닻을 올렸다. 같이 배를 탄 다카스 쇼스케(高洲正輔)가 명함을 주고 일행을 호행하였다. 다카스

---

10 사신의 …… 고쳤다 : 이때의 일본 사행은 갑신정변의 뒷수습을 위해 계획된 것이었는데, 출발하기도 전에 한성조약이 체결되었으므로 사신 파견의 정치적 목적이 약화되었다. 이에 따라 사신의 명칭을 '전권'에서 '흠차'로 변경한 것이다.

는 오사카협동상회(大阪協同商會)[11] 소속이다.

　나는 반평생 우물 안 개구리로 살아 험한 곳을 다녀본 적이 없었는데, 이러한 위태로운 때를 만나 어룡(魚龍)의 소굴과 승냥이·범의 무리 가운데서 명을 받들게 되었다. 국치(國恥)가 바야흐로 극심한데 사명(使命)은 실추하기 쉽고, 임금의 원수가 잡히지 않았으니[12] 화(禍)의 기미를 헤아리기 어렵다. 일본행을 앞두고 사람들이 모두 나를 걱정하였고 내 마음에도 근심이 없을 수는 없었다. 그러나 출발에 임하여 생사(生死)와 화복(禍福)을 일체 하늘에 맡기고 다만 의(義)로 귀결할 것임을 생각하니 자연히 마음이 편안해졌다. 왕존(王尊)이 마부를 다그친 일[13]과 범방(范滂)이 고삐를 잡은 일[14]은 바로 이것을 먼저 터득한 것이 아니겠는가. 다만 기름 태우는 냄새가 스멀스멀 눈과 코로 들어오고 삐걱거리는 소리가 계속해서 장부(臟腑)를 뒤흔들어 놓으니 실로 견디기가 어렵다.

11　오사카협동상회(大阪協同商會) : 메이지시대의 무역회사. 1877년 설립되었으며, 사장은 다카스 겐조(高須謙三)이다. 저본에는 ‘大阪’이 ‘大坂’으로 되어있다.

12　임금의 원수가 잡히지 않았으니 : 갑신정변을 일으킨 김옥균 등을 검거하지 못했다는 뜻이다.

13　왕존(王尊)이 마부를 다그친 일 : 한나라 왕양(王陽)이 익주 자사에 부임하던 중 공래산 구절판에 이르러 그 험함을 보고는 부모를 생각하며 관직을 사임하였다. 나중에 왕존이 익주 자사가 되어 같은 곳에 이르자 마부에게 “말을 몰아라. 왕양은 효자요, 왕존은 충신이니라.”라고 했다는 고사가 있다. 『한서(漢書)』 권76 「왕존전(王尊傳)」에 나온다.

14　범방(范滂)이 고삐를 잡은 일 : 난세에 정치를 혁신하고 천하를 안정시킬 포부를 지닌다는 뜻이다. 『후한서(後漢書)』 권67 「당고열전(黨錮列傳)·범방(范滂)」에서 “이때 기주에 흉년이 들어 도적이 떼 지어 일어났다. 이에 범방을 청조사(淸詔使)로 삼아 다스리게 하였다. 범방이 수레에 올라 말고삐를 잡았는데 개연히 천하를 맑게 씻어낼 뜻이 있었다.”라고 한 데서 온 말이다.

25일

맑음. 밤이 새고 날이 다할 때까지 배를 달려 충청, 전라, 경상 세 도의 바다를 지나갔다. 바람이 불어 물결이 놀라서 배가 흔들리며 진정이 되지 않았다. 일행이 모두 구토를 하고 쓰러져 누웠다. 다만 화륜(火輪)이 물결에 부딪치는 소리만이 심장을 울렁거리게 한다. 파도가 하늘에 닿아 기세가 우주를 뒤엎을 듯하여 선창을 굳게 닫고 숨죽이고 누워 일신을 맡긴 채 파도를 따라 오르락내리락하였다.

26일

맑음. 신시에 배가 아카마가세키(赤間關)에 도착했다. 뱃사람으로 하여금 지방관에게 알리게 하였다. 잠시 후 작은 거룻배 하나가 맞이하러 왔다. 뭍에 올라 후게쓰로(風月樓)에 숙소를 정하였다. 누대 가에 귤나무 몇 그루가 노란 열매를 알알이 드리우고 있고, 대숲 사이 빈 오솔길에는 돌계단이 비늘처럼 이어져 있다. 누대 아래에 이르니 이를 검게 물들인 여자 한 명이 무릎을 꿇고 맞이하고는 일어나서 안내하였다. 사다리를 통해 누대 2층에 오르니 자리를 깨끗하게 깔아두었고 창문을 모두 유리로 장식해 놓았다. 푸른 솔과 녹색 대나무가 자리 사이에 은은히 어우러지고 바다 색과 산 빛이 궤안 사이를 오르내리고 있다.

저녁을 먹자마자 밤비가 쏟아져서 댓잎 소리가 파도치는 것 같고 누대의 형세가 배를 띄운 것 같았다. 비록 시인 묵객으로서 분방하여 자득(自得)한 자라 해도 부질없는 근심을 도울 만한데, 하물며 만 리 이역으로 멀리 바다를 건너 와 세모(歲暮)에 여관에서 추위에 잠 못 이루는 사람은 어떠하랴.

노자(路資)로 가져온 은(銀)을 환전하지 못하여 배 임대료와 식대를 갚을 길이 없었다. 목공이 부산 해관(海關)에 전신(電信)을 쳤다. 여기서 부산까지 근 2천리인데 한 시간 만에 답신이 도착했다. 은행에 빙표(憑票)[15]를 제출하니 차관을 지급해 주었다.

누대에 미녀 두 명이 있었는데 모두 나이가 15, 6세는 되어 보였다. 그중에 조금 더 예쁜 쪽은 역적 김옥균이 이 길을 오갈 때에 가까이 지내던 자였다. 그가 말하길, "지난 달 옥균이 이곳을 지나간단 말을 듣고 그를 만나려고 찾아왔지요. 옥균이 배에 있었는데 숨어서 보러 나오지 않더니 바로 고베(神戶)로 갑디다."라고 하였다.

일본 풍속에 남자는 귀하고 여자는 천하다. 무릇 여관과 객사의 응접과 관계된 일은 모두 부녀자들이 담당한다. 그러므로 타국인을 대하더라도 조금도 부끄러워하는 기색이 없으며, 모르는 사람과 더불어 나체로 같이 목욕을 하는데도 이상하게 여기지 않는다. 섬나라의 오랑캐 풍속이 구역질이 날 만하다. 그 옷차림을 보면 다만 넓은 소매로 된 두루마기 하나를 입는데, 길이가 버선목과 나란하다. 위에는 속옷이 있어서 허리 아래쪽은 단속할 수 있으나, 하체에는 속옷이 없어서 오르내릴 때에 맨 다리가 벌겋게 드러나 보이며 다리 위쪽이 보이기까지 한다. 띠는 능단(綾緞)을 쓰는데, 너비가 4, 5마디 되는 것으로 허리를 묶는다. 옷깃이 매우 넓어 목의 살갗이 드러난다. 두발은 양 갈래로 나누지 않고 정수리의 머리카락에 기름을 바른 뒤에 상관(喪冠)처럼 늘어뜨린다. 뇌발(腦髮)과 합해 상투를 만들고 그 위에 구름 같은 쪽머리를 얹고 비녀를 꽂는다. 온 나라가 다 이렇게 한다.

---

15 빙표(憑票) : 외국인의 신원을 보증해주던 일종의 여행증명서인 호조(護照)를 뜻한다. 오늘날의 여권에 해당한다. 집조(執照)라고도 한다.

다카스가 맡은 일이 있어 여기에서 작별하고 떠났다. 같은 오사카협동상회 사람인 다카스 겐조(高須謙三)에게 전신을 보내어 그에게 호행하게 할 것이라고 하였다. 인천에서 이곳까지 3천 리이다.

27일

눈이 조금 내림. 상오 4시에 산코마루(三光丸)로 갈아탔다. 히젠주(肥前州) 사가현(佐賀縣) 사람인 후카가와 가이치로(深川嘉一郎)와 함께 배를 탔는데, 온종일 이야기를 나누다 보니 자못 적막함이 사라졌다. 이날 하늘이 맑고 바람이 약해 파도가 일지 않았다. 때때로 선창을 열어 눈을 크게 뜨고 멀리 바라보았다. 수면이 거울과 같아 하늘과 물이 서로 비추고 있다. 물고기가 노닐며 뛰어오르는데, 뿔이 하나에 다리가 네 개이고 크기가 젖소만 하다. 뱃사람에게 물어보니 바다사슴[海鹿]이라고 하였다.

배가 보슈(防州: 스오(周防)), 이오(硫黄), 산요(山陽), 사누키(讚岐) 등 여러 섬을 지났는데 산세가 모두 높고 험준하지는 않은데 촌락은 쇠락한 곳이 많다. 산에 수목이 없고 이곳저곳을 개간하여 밭으로 만들어서 거의 빈 땅이 없다.

내가 가이치로에게 말했다.

"토지가 저렇게 척박하니 백성들이 생업으로 삼을 것이 없겠군요."

그가 답했다.

"토지가 척박할 뿐 아니라 과연 백성들이 즐겨 업으로 삼을 만한 것이 없습니다. 그들이 살아가는 방법은 다만 힘써 농사짓는 것뿐인데, 그러므로 항상 곤고함이 많습니다."

내가 말했다.

"세금을 어느 정도로 부과합니까?"

그가 답하였다.

"수확하는 것을 납부하는 것과 비교해보면 다시 남는 것이 없지요. 혹 부족분을 빌려서 내는 경우도 있습니다. 백성들이 즐겨할 업이 없다는 것은 이것을 이르는 것입니다."

가이치로는 부상(富商)으로, 아들을 아홉 명 두었다. 화륜선 십여 척의 가산을 그 자손들에게 맡겨두고 배 한 척을 바다에 띄우고 천하를 유람하며 여생을 보낼 계획이라고 한다. 그 사람됨이 자못 순박하고 성실하여 꾸미는 말이 없었다.

하오(下午) 11시에 사누키국(讚歧國) 다도쓰(多度津)에 배를 대고 한 시간 정도 머물렀다. 같이 배를 탄 사람 중에 짐을 내리는 자가 있었기 때문이다. 아카마가세키에서 여기까지 1,100리이고, 여기에서 고베까지가 400리라고 한다.

28일

눈이 조금 내리다가 곧 맑아짐. 상오(上午) 10시에 고베에 도착했다. 가이치로가 작별하고 지방관이 속원(屬員)을 보내 맞아주었다. 뭍에 내려 니시무라키누(西村絹) 여사(旅舍)에 숙소를 정했다.

고베는 곧 일본의 큰 항구이다. 고깃배와 장삿배, 바람 돛과 비단 돛대가 바다 위를 누비고 다니며 포대(砲臺)와 세관, 층루(層樓)와 걸각(傑閣)이 물가에 이어져 있다. 부두를 쌓아 바다로 뻗어 들어가게 해 놓았는데 길이가 수백 보는 되고 너비가 십여 칸은 된다. 바다를 따라 좌우로 모두 돌을 쌓아 놓았는데 그 거리가 8, 9리는 되어 보인다. 하늘처럼 큰 길 좌우에 가게들이 늘어서 있는데 모두 층옥이며, 분칠한

벽이 영롱하게 빛나고 있다. 상인들은 판매할 물건을 모두 독운거(獨運車)에 싣고 가는데, 끌기도 하고 밀기도 하면서 가로(街路) 위를 어지러이 다닌다. 등에 짊어지거나 머리에 이고 다니는 사람은 없다.

　마중 나온 사람이 쌍두마차를 끌고 왔는데 가까운 곳에 완상할 만한 것이 많다며 구경하러 가기를 청하였다. 정사와 부사를 따라 마차 한 대에 올라탔다. 마부가 채찍을 들어 한 번 휘두르자 말굽이 나는 듯 달려가고 수레바퀴가 굉음을 울리며 순식간에 한 곳에 다다랐다. 마차에서 내려 마을 문에 들어서 천천히 거닐며 승경을 찾아갔다. 길가에 비석이 있어서 보니 '남산성(南山城) 남공사(楠公社)'[16]라고 적혀 있었다. 그곳 사람에게 "이곳이 구스노키 마사시게[楠正成]의 유지(遺址)입니까?" 하고 물으니 그렇다고 하였다. 그곳 사람이 앞에서 인도하여 행각(行閣) 하나를 지나고 우거진 숲을 뚫고 갔다. 숲이 끝나는 곳에 무수히 늘어선 비석이 나타났다. 모두 남씨를 위해 세운 것이다. 비석 사이를 따라가다 다시 낭각(廊閣)으로 들어서니 석대(石臺) 2층이 있는데 높이가 한 길 남짓 되었다. 석대 위에 비(碑)가 있는데, "오호(嗚呼) 충신남자지묘(忠臣楠子之墓)"라고 적혀 있다. 또 다시 나아가 한 곳에 이르니 석함(石函)이 있고 그 안에 큰 구리그릇이 있다. 배[腹] 부분은 둥글고 가운데가 비어 있으며, 위아래가 비스듬히 합쳐지는데 높이가 5, 6척은 된다. 배의 양쪽 가에 용을 새겨놓았는데 용의 입에서 물이 뿜어져 나와 석함에 뚝뚝 떨어져 고인다. 석함의 가에는 못이 있는데 못물이

---

16 남산성(南山城) 남공사(楠公社) : 현재 효고현 고베시에 있는 미나토가와신사(湊川神社)를 가리킨다. 1336년 아시카가 다카우지(足利尊氏)와의 전쟁에서 순절한 구스노키 마사시게(楠木正成)를 모시는 신사이다.

맑고 잔잔하며 좌우의 수풀이 깊고 그윽해 사랑할 만하다. 연못가에도 남공비(楠公碑)가 있는데 높이가 3, 4길은 될 만한 것이 기둥처럼 서 있다. 메이지 15년(1882)에 세운 것이다. 비석 뒤에는 집이 우뚝 서 있는데 나무껍질로 덮었고 마치 수를 놓은 듯하다. 문밖에 신이 있는 것만 보이고 사람 목소리는 들리지 않는다. 장랑(長廊)에 낮이 고요하고 고원(古院)에 연기가 사라지니 산새와 들새들이 오르내리며 지저귀고 있을 뿐이다. 집 뒤쪽에서 대사립[竹扉]으로 들어가니 문안에 대숲이 울창하고 잡목이 무성하다. 새로 가꾸고 손수 심어둔 것도 있고 한갓 솜씨만 허비한 것도 있는데 그 외에는 볼 만한 것이 없었다.

가느다란 눈발이 흩뿌려서 저녁 날씨가 음산하고 추웠다. 연일 파도 위에서 고달팠던 끝이라 신기(神氣)가 꺾여서 완상할 마음이 들지 않아 서둘러 여관으로 돌아와 옷을 벗고 자리에 누웠다. 지방관이 와서 "여기에서 요코하마(橫濱)에 가려면 태평양(太平洋)의 도토미탄(遠江灘)을 건너야 하는데 쾌속선이 아니면 쉽게 건너기 어렵습니다. 하루 이틀을 더 기다린 후에 쾌속선을 타고 가는 것이 좋겠습니다."라고 말했다.

29일

맑음. 이날 요코하마로 가는 배를 기다리며 고베에 머물렀다. 울적한 마음을 가누지 못해 일행의 여러 사람들과 함께 오사카(大阪)[17]에 유

---

17 오사카(大坂) : 오사카의 현대식 표기는 '大阪'이다. 본래 오사카는 '大坂'으로 썼는데 에도시대 중기부터 두 가지 표기가 혼용되다가 메이지유신 이후 '大阪'이 정식 표기로 확정되었다. 『동사만록』에서는 두 표기를 혼용하고 있는데, 저자 박대양이 처음부터 그렇게 쓴 것인지 아니면 이 책의 필사자가 무의식적으로 '大坂'을 '大阪'으로 고쳐 썼는지는 알 수 없다.

람을 가기로 했다.

완거(腕車)【인력거의 별칭】를 타고 역체소(驛遞所)까지 가니, 여기가 곧 정거정(停車亭)이다. 화륜차(火輪車: 기차)가 이곳에 와서 멈추면 행인들이 타기도 하고 내리기도 한다. 십 리나 이십 리마다 반드시 차를 멈추는 곳을 만들어 두었다. 정거정에는 각각 남녀 상·중·하의 대합실이 있는데 대개 차 또한 세 등급의 자리가 있기 때문이다. 차가 아직 오지 않았거나 시간이 되기 전에는 행인들이 여기에서 기다린다. 상차표(上車標)를 사는데, 표는 종이로 만들었고 세 개의 좌석 등급과 어디부터 어디까지라는 글자를 찍어준다. 나가는 곳은 목책으로 가로막아 문을 내어서 겨우 한 사람만 드나들 수 있게 해놓았다. 문을 지키는 자가 가위를 들고 곁에 서 있다가 행인이 문에 와서 표를 보여주면 가위로 표 한 모퉁이에 표시를 해서 행인에게 다시 주니, 그제야 문을 나가 차를 탈 수 있다. 목적지에 이르러 차에서 내려 문으로 들어올 때에 또 다시 증거로 삼는데, 만약 실수로 이 표를 잃어버리면 차비를 다시 징수한다.

10시에 화륜차를 탔다. 차는 화통(火筒)이 앞에 있고 차옥(車屋: 객차)이 가운데 있으며 장물(粧物: 화물)이 뒤에 있는 구조이다. 큰 것은 객차가 수십 량이 되고 화물차가 십여 량이 된다. 서로서로 끌어주는데, 기관(機關)이 움직이면 증기가 올라가면서 연기가 일어나고 앞의 것이 달려가면 뒤에 것이 이를 따른다. 기관을 작동하여 느리게도 빠르게도 할 수 있으므로 완급차(緩急車)라고도 한다. 철도를 따라 오사카에 도착했다. 백 리 길을 한 시간 만에 달려오니 지나온 산천 풍물이 모두 눈 깜짝할 사이에 지나가 버린다. 여기에 도착해서 비로소 언덕과 들이 넓게 열리고 밭두둑이 평평하게 펼쳐져 있는 광경을 보았다. 밭 사이에 뽕나무와 차를 많이 심었다. 차밭의 이랑이 푸르게 이어져 있고 채소밭에는 녹색의 싹이 돋아나 있다. 혹 삽을 들고 거름을 주기도 하며 물을 길어와 밭도랑에 붓기도 한다. 짐을 실은 우거(牛車)가 들길로 돌아가고 엷은 아지랑이와 짙은 연기가 마을을 뒤덮고 있다. 따스한 봄기운이 우리나라의 2, 3월 풍경과 같다.

핫쇼로(八勝樓)【점루(店樓)의 이름】에 숙소를 정했다. 지방관이 속원 시라오가와 사네토미(白男川實福)와 미즈구치 구마오(水口熊雄)를 보내서 맞아주었다. 다카스 겐조가 만나러 왔다.

오사카는 옛날 관백(關伯)이 도읍했던 곳이다. 형승이 번화하여 고베에 비해 갑절이나 뛰어나다. 바다를 끌어와 물길을 만든 것이 백여 리에 걸쳐 있어 여염과 누대가 좌우로 물에 임해 있으며, 무지개다리가 종횡으로 걸려 있고 돛단배가 드나든다. 뒤로는 서경(西京: 교토)의 여러 산이 푸른빛을 당기고 있고 앞으로는 한 줄기 나니와강(浪華江)이 흰 빛으로 감싸고 있다. 아침비가 막 그치면 고운 해가 더욱 선명해지고 저녁연기가 엷게 깔리면 흰 달빛이 가늘다. 봄꽃들이 비단 같은 꽃망울을 터뜨리고 겨울의 눈이 흰빛으로 쌓일 때에 이 누각에 오르면 티끌 묻은 눈이 황홀해지고 사람의 시혼(詩魂)이 스르르 녹으리라.

도요토미 히데요시[平秀吉]의 옛 근거지가 그 남쪽에 있는데, 성이 높고 해자가 깊어 형세가 매우 크고 화려하다. 이는 히데요시가 평생의 공력을 들여 스스로를 위해 계획한 것이니 그 배포와 규모가 견고하고 치밀하지 않은 것은 아니다만, 공사가 거의 끝나갈 즈음에 그 자신이 먼저 죽은 것이다. 뒷날 이를 그대로 이어받아 관백이 사는 곳이 되었다. 지금은 관백 또한 폐지되어 남아 있지 않고 다만 성첩(城堞)이 구름에 이어져 있고 누각이 바다에 걸려 있을 따름이다.

조폐국(造幣局), 기기창(機器廠), 공작소(工作所), 단련소(鍛鍊所) 등을 참관하러 갔다. 화폐를 만들고 기기를 제작하는 것은 모두 서양의 법을 배운 것이다. 매우 빠르고 또 이익이 되니, 부강(富强)과 같은 것은 금방 이룰 수 있을 법도 하다. 그런데 나라 안이 텅 비고 민생이 초췌한 것은 어째서인가. 남김없이 이익을 구하는데 이익은 외국으로 실려 나가고 부지런히 군대를 다스리는데 군대가 큰 근본[大本: 농사일]에 해를 끼치니, 이렇게 하고서 능히 국가를 부유하게 하고 병사를 강하게 할 수 있다는 것을 나는 믿지 못하겠다. 돌아오는 길에 절구 두 수를 지었다.

30일

맑음. 아침을 먹고 목공이 지방관을 만나러 가자고 하였다. 추당 어른은 병으로 사양하고 목공 혼자 갔다. 상오 10시에 우체국(郵遞局)에 갔다 오니 지방관이 그제야 만나러 왔다. 고베로 돌아가 하오 2시에 야마시로마루(山城丸)를 탔다. 밤새도록 배를 달려 태평양을 지났다. 이날은 곧 섣달 그믐날이었다. 멀리 고국을 생각하니 만 리 창파에 가로막혀 있고, 고래 같은 파도와 악어가 득실거리는 바다 위에서 묵은해를 보내고 새해를 맞게 되었다. 비록 왕사(王事)를 받들고서 감히 사정(私情)을 말해서는 안 되지만 등불을 대하고 잠들지 못하고 있으니 외로운 회포를 어찌할 바 모르겠다.

을유년(1885) 정월

1일

맑음. 하오 5시에 요코하마에 도착하니 외무성(外務省)에서 주임(奏

任) 어용괘(御用掛) 미와 호이치(三輪甫一), 외무성 일등 속관(屬官) 아사
야마 겐조(淺山顯三), 육등 속관 오쿠야마 이와(奧山岩), 어용괘 시오다
마쓰(鹽田松) 네 사람을 보내 맞아주었다. 저물녘에 기차를 타고 도쿄
에 들어갔다. 요코하마에서 7리【우리나라 이수(里數)로는 80리】 거리이
다. 세이요켄(精養軒)에서 저녁을 먹은 후 신바시(新橋) 미나미나베초
(南鍋町)의 이세칸로(伊勢勘樓)로 옮겼다.

2일

맑음. 정사와 부사가 외무성에 가서 국서(國書) 및 주사(奏辭) 부본(副
本)을 외서(外署)의 조회(照會)[18]와 함께 전달하였다. 잠시 있다가 바로
돌아왔다. 본국(本國)의 생도(生徒)들이 만나러 왔다.

3일

맑음. 이다 산지(飯田三治)가 만나러 왔다. 이다는 후쿠자와 유키치
(福澤諭吉)[19]의 학교 사람인데, 역적 김옥균에게 돈을 빌려준 일이 있었

---

18 조회(照會) : 한 나라의 정부가 어떤 사안에 대해 의견을 적어 다른 나라에 보내는
문건. 대등한 관아 사이에 주고받는 문서.
19 후쿠자와 유키치(福澤諭吉) : 메이지시대의 계몽사상가. 1835~1901. 오사카 출신으로
어렸을 때는 한학을 배웠다. 1854년 나가사키에 유학하여 난학(蘭學)을 배우기 시작했는
데, 여기에서 독학으로 영어를 익혀 1860년 막부에 출사, 번역 업무를 맡았다. 이때부터
1867년까지 3차에 걸쳐 막부 파견사절단의 일원으로 구미를 시찰하면서 일본 최고의 근
대 지식인으로 성장하게 된다. 그는 1868년 4월 경응의숙(慶應義塾)을 설립하였으며 이후
『학문의 권장(學問のすゝめ)』, 『문명론지개략(文明論之槪略)』 등의 저서를 출간하면서 일
본 사회의 계몽을 선도하였다. 후쿠자와와 조선인 간의 교류는 1881년 조사시찰단으로
일본에 파견된 유길준(兪吉濬)과 유정수(柳正秀)가 경응의숙에 입학하면서 시작되었다.
후쿠자와의 조선 인식은 1882년 수신사 박영효(朴泳孝)와 접촉하면서 심화되었으며, 이
후《지지신보(時事新報)》를 창간하여 근대 일본의 조선 인식 및 대외정책에 커다란 영향

다. 표계(標契)를 갖고 있었으므로 지금 와서 그 표를 보여주며 돈을 요구하였다. 정사 대인이 엄한 말로 물리쳐 보냈다.

4일

바람이 많이 붊. 외무경(外務卿) 이노우에 가오루가 만나러 왔다. 또 편지를 보내 모레 오전 10시에 일본 국왕이 공사(公使)를 접견할 것이라고 하였다.

5일

바람이 붊. 쓰시마(對馬) 도주(島主) 소 시게마사(宗重正)[20]가 속원 오자키 노부타로(尾崎延太郎)를 시켜 명함을 보냈다. 쓰시마는 우리나라와 유독 가깝다. 토지가 척박해서 백성들의 생업에 어려움이 많으므로 항상 신하로서 우리나라를 섬기며 이에 의지해 먹고 살았다. 그러므로 열성조(列聖朝)께서 항상 염려하시어 회유의 덕으로 곡식을 주어 진휼하고, 왜선이 변경의 바다에 침몰하여 인명을 상하는 일이 생기면 또한 그 나라에 공문을 보내고 그 집안을 도와서 구휼하셨다. 성상께서 등극

을 미쳤다. 그는 조선의 개화파와 교류한 이후로 양국관계를 '보거순치(輔車脣齒)'와 '동종동문(同種同文)'으로 표현하며 아시아연대를 표방하였으며, 조선의 개화를 돕기 위하여 신문 발간, 유학생 초청, 차관 제공 등의 지원책을 실시할 것을 주장하였다. 그러나 갑신정변 실패 이후 조선 및 청국과의 연대를 포기하고 유럽 열강의 아시아정책에 편승하였다.

20 소 시게마사(宗重正) : 1847~1902. 메이지시대의 화족(華族)으로 제16대 쓰시마후추번(對馬府中藩) 번주이다. 1869년 메이지정부의 명에 따라 조선에 왕정복고를 알렸으며, 1871년 폐번치현 조치로 번이 폐지된 후 외무대승(外務大丞)에 취임하였다. 1876년에는 제1차 수신사 김기수(金綺秀)를, 1880년에는 제2차 수신사 김홍집(金弘集)을, 1882년에는 제4차 수신사 박영효(朴泳孝)를 접견한 바 있다.

함에 이르러서는 전대의 공훈을 더욱 빛내고 그 법을 능히 준수하여 나라 안에서 다스림을 이루고 은혜는 해외에까지 뻗쳤다. 소 시게마사가 대를 이어 그 섬을 지키면서 왕화에 감복하여 덕으로 귀의함이 오래 되었는데, 메이지유신 이후 그 직임이 모두 폐지되고 도쿄에서 객지살이를 하며 집에서 한가히 지내고 있었다. 매번 우리 사신이 그 나라에 들어왔다는 소식이 들릴 때마다 반드시 사람을 보내 명함을 들이고 옛 우호를 닦을 것을 말하였으니, 우리 성조의 덕화가 먼 데 지역까지 미쳤음을 볼 수 있다.

우리나라 사람인 이수정(李樹廷)은 본래 운미(芸楣: 민영익(閔泳翊)의 호)) 집안의 겸종(傔從)이었다. 사람이 매우 영리하고 민첩하였으며 자못 문자를 해득하였다. 이에 일본에 들어가 머리를 깎고 교사(敎師)가 되었는데, 이날 청국의 교사 장자방(張滋昉)을 이끌고 만나러 왔다. 자방은 문사가 넉넉하였으며 시를 더욱 잘하였다. 집은 본래 강남으로, 일찍이 시랑(侍郞) 벼슬을 지냈다. 나이는 올해 50여 세이며 머리칼을 짧게 잘랐다. 미혹되어 돌아올 줄 모르고 오히려 타국에서 떠돌아다니며 월급에 팔려 진상(陳相)[21]의 무리를 달갑게 여기고 있으니 또한 깨끗하지 못하다 하겠다. 그 지조가 심히 사리에 어긋나므로 억지로 말과 얼굴빛을 꾸밀 수가 없었다. 그도 또한 다시 만나러 오지 않았다. 그 뒤에 청 공사를 만나서 장자방이 어떤 사람인지 물었더니 답하길, "그

---

21 진상(陳相) : 『맹자(孟子)』 등문공상(滕文公上)에 나오는 인물로, 본래 진량(陳良)에게 유학을 배웠는데 나중에 농가(農家)인 허행(許行)을 만나 스승에게 배운 것을 다 버리고 그를 따랐다. 이에 대해 맹자는 "깊은 골짜기에서 나와 높은 나무로 올라간다는 것은 들었어도 높은 나무에서 내려와 골짜기로 들어간다는 일은 듣지 못하였다."[吾聞出於幽谷遷于喬木者, 未聞下喬木而入於幽谷者.]며 비판하였다.

이름을 들어보기만 했을 뿐 얼굴은 모르니, 어찌 그 사람됨을 알겠습니까?"라고 하였다. 같은 나라 사람으로서 같이 이국의 성중(城中)에 있으면서 찾아가 보지도 않았다니 매우 놀랍다. 들으니 서교(西敎: 천주교)에 물든 자라고 한다.

6일

맑음. 인도관(引導官)이 마차 2대를 이끌고 맞이하러 왔다. 이에 의관을 갖춰 국서궤(國書櫃)를 받들고 궁으로 나아갔다. 여관에서 십 리 남짓 되는 거리이다. 도착해서 보니 목책으로 에워싸고 목책에는 문짝 두 개를 설치해 두었는데, 목책에 들어서자마자 또 문 하나가 있었다. 그 문으로 들어가 곧 전각(殿閣) 아래 이르렀다. 차에서 내려 궁내성(宮內省)에 들어가 잠시 쉬었다. 방 안에는 매화와 목부용(木芙蓉: 목련), 귤나무, 소나무를 심은 화분들을 늘어놓았고, 계단 아래에는 금잔디를 평평하게 깔아두었는데 흰 개가 누워서 자고 있다. 무성한 소나무와 푸른 대나무가 뜰 바깥에 울창하고, 푸른 연못과 녹색 이끼가 나무 사이에 은은히 비치어 황홀히 숲속의 정취가 느껴졌다. 이곳은 본래 사찰이었는데 지금 잠시 어소로 사용하고 있는 것이다. 유신(維新) 초 도쿠가와(德川)의 난 때 동서의 왕궁이 모두 불타 버렸는데, 난이 평정되어 수리하려고 하자 일본 국왕이 나라의 재정이 부족하다는 이유로 사양하였다. 이제야 비로소 옛 터에 공사를 시작했는데 7년을 기한으로 잡고 있다고 한다.

궁내성의 여러 관원들과 외무경이 와서 모였다. 잠시 후 인도관이 안에서 나와 임금에게 나아가 뵈라는 명을 전하였다. 이에 국서궤를 열어 안과 밖의 붉은 띠를 풀었다. 정사가 주사를 소매에 넣고 종사관이 국서를 받들고서 외무경의 인도를 받아 겹겹의 길을 따라 수십 칸을 가니 문이 나온다. 문밖에 병풍을 둘러놓았는데, 병풍 가에서 몸을 돌려 문으로 들어갔다. 일본 국왕을 바라보니, 키는 6, 7척 정도 되고 얼굴이 길고 검푸르며 눈에는 정채(精彩)가 있었다. 양복을 입었으며, 앞뒤 양쪽 옷깃에 황금으로 국화를 수놓았으니 이것은 육군의 표지이다. 금실을 꼬아서 노끈을 만들어 양쪽 어깨 위에 비스듬히 두었으며 또 금색으로 접시 같이 둥근 문양을 수놓아 양쪽 겨드랑이에 크게 붙였으니 이것은 해군의 표지이다. 폭이 서너 마디 되는 기다란 금색 띠를 왼쪽 어깨에서 오른쪽 겨드랑이에 닿도록 메고 있는데 우리나라에서 금·은의 패(牌)를 매다는 것과 같은 모양이다. 이것은 군대의 표지이다. 몸에 네다섯 개의 훈장을 찼는데, 이것은 각국이 서로 수여하는 관례가 있다. 예모(禮帽)를 벗어 손에 들고 의자 곁에 서 있고, 좌우에 십여 명의 시신(侍臣)이 있는데 복색은 별다른 차이가 없다. 다만 육군과 해군의 표지를 겸한 자는 없고 훈공이 있는 자는 훈장이 있을 따름이다. 훈장은 금으로 만들거나 보석으로 만들었는데 오색을 갖추었고 형태는 시계 같으며 모난 것도 있고 둥근 것도 있다. 문에 들어설 때 행하는 예(禮)는 다만 고개를 끄덕하는 것뿐이다. 조금 나아가 또 고개를 숙였다 들고 그 앞에 이르면 또 고개를 숙였다 든다. 정사가 주사 읽기를 마치자 종사관이 국서를 들어 올려 정사에게 주어 정사가 받들고 나아갔다. 일본 국왕이 친히 받아서 시신에게 주고, 또 친히 축사(祝辭)를 읽었다. 읽기를 마친 후에 전어관(傳語官: 통역)을 시켜 사신을 위문하였다. 치사(致辭)한 후 뒷걸음으로 물러나며 세 번 예를 행하기를 나아갈 때와 똑같이 하였다. 그대로 문을 나와 똑바로 걸었다.

대개 뒷걸음으로 물러나는 것은 임금을 마주하고 물러남을 고할 때에 차마 임금을 등질 수 없다는 뜻이 담긴 것이다. 임금을 마주하고 차마 임금을 등질 수 없다는 것은 임금을 마주하지 않았을 때는 마침내 임금을 등질 수 있다는 것인가? 옛날 종신토록 남쪽을 등지고 앉지 않았던 자가 있었는데 그 마음이 항상 종국(宗國)을 연모하여 앉을 때나 누울 때나 차마 잊지 못한다는 것이었다. 어찌 예전에 걸음걸이의 향하고 등짐을 가지고서 충(忠)과 역(逆)을 논한 일이 있었던가. 〈채제(采齊)〉에 맞춰 종종걸음치고 〈사하(肆夏)〉에 맞춰 움직이던[22] 때에도 뒷걸음으로 물러나는 일은 일찍이 없었으나 또한 임금을 배신했다는 일은 듣지 못하였다. 지금 일본인들이 뒷걸음으로 임금을 대하는 것은 서양의 습속을 모방한 것이다. 체모를 손상함이 적지 않으니 놀랍고 우습다. 그러나 그 뜻을 살펴보면 선하지 않은 것은 아니다. (다만) 예를 설명하고자 하니 도문대작(屠門大嚼)[23]에 가깝다는 혐의가 있다.

7일

바람이 붊. 정사와 부사가 각국의 공사를 방문하였다.

8일

바람이 붊. 각국 공사가 방문하였다. 육군경(陸軍卿) 오야마 이와오 (大山巖)가 편지를 보내 정월 23일【일본력으로 3월 9일】에 로쿠메이칸(鹿

---

22 채제(采齊)에 …… 움직이던 : 〈사하(肆夏)〉와 〈채제(采齊)〉는 옛날 악곡의 명칭이다. 『주례(周禮)』「춘관(春官)·악사(樂師)」에 "다닐 때에는 〈사하〉에 맞추고, 종종걸음 칠 때에는 〈채제〉에 맞춘다."[行以肆夏, 趨以采薺.]는 말이 나온다.

23 도문대작(屠門大嚼) : 푸줏간 앞을 지나가며 고기 씹는 흉내를 낸다는 말로, 부러워하지만 얻지는 못하고 이미 얻은 것처럼 상상하며 자족한다는 뜻이다.

鳴館)[24]에서 야회(夜會)를 열겠다고 약속하였다.

9일

바람 불고 맑음.

10일

맑음. 정사 대인이 청국 공관(公館)을 방문하였다. 여기에 온 이후 매번 신문지에서 우리나라의 사건을 논한 것을 보면 사실과 어긋나는 말이 많았다. 혹 사죄사(謝罪使)로 칭하기도 하고 혹 사대당(事大黨)으로 지목하며 조정을 논단하였으며, 꾸짖고 헐뜯는 말이 매우 많아 진실로 미워할 만하였다.

여관 주인에게 딸이 하나 있었는데 이름이 기쿠(菊)였다. 나에게 자꾸만 글씨를 써달라고 부탁하여서 부득이 절구 한 수를 써 주었다. 시는 이러하다.

규방에 국화 심어 몇 년 만에 꽃이 피니	金閨種菊度年華
듣건대 도쿄에서 제일가는 꽃이라네.	聞是東京第一花
도연명 없으니 누가 꺾어 가겠는가.	不有淵明誰得採
빛깔과 향기를 다만 주가(酒家)에 붙였네.	色香惟屬酒人家

---

24 로쿠메이칸(鹿鳴館) : 외빈이나 외교관을 접대하고 숙박을 제공하려는 목적으로 1883년 도쿄에 2층 규모로 지은 사교장이다. 당시 일본의 유럽화정책을 상징하는 건축물로서, 이곳을 중심으로 한 외교정책을 '로쿠메이칸 외교(鹿鳴館外交)'라고도 한다. 이곳에서의 연회와 무도회는 당시 일본의 상류층이 서양문화를 접하는 계기가 되었다.

　　내 뜻은 "이곳에 비록 국화라는 이름을 가진 사람이 있으나 원량(元
亮: 도연명의 자)의 정절(靖節)을 가진 이가 없어 그 빛깔과 향기가 술집
과 창루 가운데서 사라져버리는 데 불과하게 되어 식자들의 비웃는 바
가 됨을 달게 여긴다."는 것이니, 대개 기롱하는 말이었다. 일본 사람
들이 그 뜻을 이해하지 못하여 조선의 흠차대신이 국랑(菊娘)을 사랑하
여 시를 준 것으로 여겨 신문지에 실었으니 심히 가소롭다. 추당 어른
이 듣고서 절구 세 수를 지었다. 내가 또한 화답시를 지어 이것을 해명
하였다.【시는 모두 아래에 나온다.】

11일
아침에 비 오고 저녁에 갬. 영국 공사가 방문했다.

12일
　　맑음. 이곳은 바다를 임하고 있어 일 년 내내 바람이 많다. 이곳에
온 뒤로 하루도 빠짐없이 바람이 불어 먼지를 일으키고 누대와 창문을
뒤흔들어 쾅쾅 소리를 내며 요동을 쳐서 사람을 어지럽게 하더니 오늘
에야 비로소 좋은 날씨를 만났다.

　　정사를 따라 박물관(博物館)에 갔다. 남성문(南城門)을 거쳐 동성문
(東城門)으로 나왔다. 성은 모두 세 겹인데 비록 그리 높지는 않지만
모두 해자가 깊고 돌이 단단했다. 다만 성가퀴는 없으며 또 초루(譙樓)
와 성문도 없다. 몇 리 남짓 가니 동구(洞口) 하나가 나온다. 양쪽 가에
나무를 울창하게 심고 모두 난간으로 둘러놓았다. 박물관 문 앞에 도착
하여 차에서 내렸다. 입문표(入門標)를 얻어서 문으로 들어갔다. 문안
의 좌우에 난간을 설치하고 통로에 기관(機關: 회전문을 지칭함)을 두었

다. 우리나라의 소거(繅車: 물레)【속칭 문뢰(文耒)】의 모양과 같은데 다만 굴려서 들어갈 수는 있으나 굴려서 나올 수는 없다. 문을 나올 때에는 다른 문을 통해야 하는데, 또한 기관이 있어서 나올 수만 있고 들어갈 수는 없다.

관내에 들어가 상하 2층을 돌아다니며 두루 관람하였다. 인형과 불상, 서검(書劍)과 자획(字畫), 금황(琴簧: 악기)과 복기(服器), 농상(農桑)과 경직(耕織), 금은(金銀)과 동석(銅錫), 의약(醫藥)과 복서(卜筮), 수어(水漁: 물에서 잡은 것)와 산채(山採: 산에서 캔 것), 괴금(怪禽)과 기수(奇獸), 미화(美花)와 이초(異艸)로, 본토에서 나는 것과 외국에서 나는 것이 있고 혹 실물도 있고 모형도 있었다. 구역을 나누어 구별하고 각각 칸막이를 두었는데 모두 유리로 막아두어 좌우로 현란하게 번쩍거린다.

문을 나가서 다시 돌아 다른 곳에 이르러서 나무그늘 사이로 돌계단을 내려가 수십 걸음을 가니 동물관(動物館)이 나오는데, 곧 조수의 우리이다. 문으로 들어가니 왼쪽 벽에 물보라 자욱한 잔잔한 물결에 물고기가 노닐며 떴다 잠겼다 하고 있다. 처음에는 실제 같은 그림인가 하였는데 살펴보니 유리로 벽을 만들고 벽 사이에 물을 담고는 위에 철망을 덮어 투명하게 보이게 한 것이었다. 한 걸음 한 걸음 깊숙이 들어가니 행각(行閣)이 늘어서 있고 각 안에 짐승은 원숭이, 곰, 사슴, 토끼, 고양이, 개, 여우, 살쾡이, 족제비, 멧돼지, 물소가 있고 새는 학, 공작, 독수리, 솔개, 오리, 기러기, 부엉이, 올빼미, 닭, 꿩이 있으며 그밖에 곱고 기이한 깃털을 가진 것들이 수를 헤아릴 수가 없다. 산새와 들짐승을 모두 건물 안에 두고 안에 철망을 씌우고 밖에는 목책을 설치하여 굳게 잠가 놓았다. 물새 종류는 큰 못을 파서 못가에 철책을 세우고 위에는 철망을 덮어 날아가지 못하게 해 두었다.

내가 맞이해 준 사람에게 말했다.

"이 관을 만들어 이런 물건들을 모아둔 것이 올해로 몇 년째인가요?"

답하길, "십 년 동안의 일입니다."라고 하였다. 내가 속으로 생각하였다.

"일본이 나라를 연 이래로 수천 년 동안 반드시 현명한 임금과 선량한 재상들이 그 사이에 나왔을 것인데 일찍이 이러한 것은 없었다. 근래 개화한 이래 이런 것을 짓는 데 급급하였으니 멀고 가까운 곳의 공작물들을 쌓아두느라 얼마나 많은 비용을 들였겠는가. 사물을 널리 궁구하는 자로 하여금 보게 한다면 혹 취할 것도 있겠지만 끝내 지금 시대에 나라를 위한 급무는 아닌 것이다. 임금의 마음이 점차 방탕해지고 민생은 더욱 곤고해짐이 당연하도다. 그런데도 망령되이 스스로를 과시하고 이웃나라를 업신여기니 한 번 비웃음거리도 되지 못하리라."

차에 올라 다시 방향을 돌려 센소지(淺草寺)에 이르렀다. 절은 마을 안에 있는데 병문(屛門) 밖에 가로로 걸치는 막대를 설치하여 말을 타고 들어가지 못하게 해두었다. 병문부터 절문까지 백 보 남짓인데 모두 벽돌을 깔아놓았다. 절 내에 오층탑이 있는데 채색이 밝게 빛나고 전각이 높이 솟아 있는데 단청이 영롱하다. 전각 안에는 향 연기가 가느다랗게 피어오르고 있다. 곁에 두 사람의 야윈 중이 책상 앞에 단정히 앉아 있는데 마치 활불(活佛) 같은 모습이었다. 남녀가 어깨를 나란히 하고 절에 와서 향을 사르기도 하고 예불을 드리기도 하며 돈을 내어 정성을 표하기도 한다. 어지럽고 소란하여 청정(淸淨)한 기운이 조금도 없다.

절 곁에 꽃을 파는 집이 있어 침상에 앉아 다리를 쉬면서 화초를 품평하고 있노라니 주인 여자가 차를 내어온다. 다 마신 후 다시 절 문을 나와서 마차에 올랐다. 아즈마바시(吾妻橋)를 지나 긴 시내를 끼고 내려왔다. 냇물이 잔잔히 흘러 맑은 못처럼 고요한데 양쪽 가의 층루와 분벽이 모두 물그림자에 담겨 있고 가벼운 거룻배와 짧은 돛을 단 배들이 그 위를 오간다. 다시 료코쿠바시(兩國橋)를 건너 여관으로 돌아왔다.

내가 추당 어른에게 말하였다.

"이곳은 하늘이 세운 험지라고 할 만합니다. 화륜선이 없었다면 반드시 외환(外患)이 없었을 터이니, 이 때문에 하나의 성(姓)이 오래도록 전해질 수 있었던 것이지요. 다만 그 경치의 아름다움과 물색의 번화함이 모두 기교 있게 제작하는 것만을 따르고 자연스러운 기상이 전혀 없으니, 사람의 이목을 현혹시키기에는 족하지만 실로 완상할 만한 풍취는 없습니다. 접때 나이 어린 무리들이 운절(韻折)을 모르고서 한 번 유람하고서는 마음이 방탕해져서 '그 기교는 배워서 이를 수 있고 그 번화함은 부러워하여 익힐 수 있고 그 법제는 모방하여 취할 수 있다. 유람하는 일은 즐길 만하고 호방함은 사랑할 만하며 부강함 역시 곧바로 이룰 수 있다'고 여겼지요. 욕심을 내고 제멋대로 행동하여 공공의 재물을 낭비하고 난을 창도함에 이르러 국가에 화를 불러왔으니 이것이 모두 평소의 심지에 실학(實學)의 이룸이 없었기 때문입니다. 이로써 보건대 세상에서 경술이 국가에 보탬이 되지 않는다고 말하는 자들은 실로 난적(亂賊)의 앞잡이인 게지요."

추당 어른이 말하였다.

"그대 말이 맞소. 재기가 조금 있다고 해서 독서를 잘하지 못하는 것은 도리어 재기가 없고 독서도 하지 않는 것만 못하지요. 또 이 나라는 꽃 한 송이, 풀 한 포기, 나무 한 그루, 돌 하나도 사람의 공교함을 더하지 않은 것이 없습니다. 무릇 거처와 기용(器用)에 속하는 것들이 모두 그 독을 받았습니다. 그런데도 오히려 오만하게 중국을 멸시하고 있지요. 시가(詩家)들에 비유하자면 옛날 왕어양(王漁洋: 어양은 청의 시인 왕사진(王士禛)의 호)의 문인이 어양에게 말하길, '선생의 오언(五言)은 당인(唐人)보다 훨씬 뛰어납니다. 당인의 시는 모두 공들여 지은 것이 아닌데 선생의 시는 한 구 한 자에 정력을 기울인 것이니까요.'라고 하였지요. 어양은 '이것이 내가 당인을 따라갈 수 없는 부분이다.'라고 말했으니 이것과 무엇이 다르겠습니까."

밤에 이노우에 가오루가 편지를 보내서 하관(霞關)【외무성】의 저녁 만찬을 이달 18일【일본력으로 3월 4일】 오후 7시로 앞당겨 잡겠다고 하였다.

13일

흐림. 교장(教場)에 가서 보병, 기병, 포병 3군이 조련하는 것과 군대가 기예를 배우는 것을 참관하였다. 말머리를 나란히 하고 총포를 운반하며 말을 달리고 마차를 모는데, 흩어졌다 모이고 방향을 돌리는 모습이 극히 정예롭다. 두 진영이 평원에서 마주하고 있을 때에는 한번 시험해 볼 만하지만 산길과 돌길을 만난다면 힘이 되기 어려울 것 같다.

돌아오는 길에 외무대보(外務大輔) 요시다 기요나리(吉田淸成)[25]를 방문했다. 기요나리는 서양에서 십여 년 간 유학하고 돌아와 대보가 되었

---

25 요시다 기요나리(吉田淸成) : 메이지시대의 관료. 1845~1891. 1865년 사쓰마번(薩摩藩) 파견 유학생으로 영국과 미국에 유학하였다. 미국에서 정치학을 배우고 뉴욕 등에서 은행 및 보험 업무를 익힌 후 1871년 귀국하여 대장성(大藏省) 조세권두(租稅權頭), 대장소보(大藏少輔)를 역임하였다. 1874년 미국주재공사로 임명되었고 1882년 외무대보로 승진하였다. 임오군란 직후 수신사로 온 박영효를 만나기도 하였다.

다. 사람됨이 자못 신중하고 명민하며 의모(儀貌)가 청수하고 눈에는 정채가 있다. 이야기를 나누며 시간을 보내고 있는데 좌중의 한 사람이 책상에 놓인 서양인의 사진을 가리키면서 웃으며 말했다.

"이러한 사람은 생김새가 우리와 다른데, 그가 일본 여자를 만나 아이를 낳으면 또한 그 모습을 닮으니 진실로 괴이합니다."

내가 웃으며 말했다.

"기류(氣類)가 본디 다르니 생김새가 어찌 비슷할 수 있겠습니까. 다만 사람의 얼굴이 비록 같을지라도 마음이 한결같다고 보장할 수 없으니 이것이 탄식할 만하지요."

저녁에 이토 히로부미(伊藤博文)가 만나러 와서 내일 중국으로 떠난다고 알려주었다.

14일

맑음. 전신국(電信局)을 참관하러 갔다. 국장(局長) 공부(工部) 대서기관(大書記官) 이시이 다다아키라(石井忠亮)가 나와서 맞이했다. 한문(漢文)으로 "흠차정월일일저동경(欽差正月一日抵東京: 흠차가 정월 1일 도쿄에 도착했음)" 아홉 자를 써서 전신국 사람에게 주어 부산에 부치게 하였다. 또 이 말을 본국의 경성(京城)에도 전달해 달라고 말하였다. 전신을 담당하는 사람이 눈으로 글자를 보고 손으로 기계를 만지면 기계가 손을 따라 오르락내리락하며 마디마디 소리를 낸다. 대개 손을 올렸다 내렸다하는 중에 저절로 기관이 글자를 써서 능히 만 리 밖까지 언어를 통지할 수 있는 것이다. 얼마 안 있어 또 부산의 날씨를 물었는데 그때가 오전 11시였다. 이곳은 날씨가 청명한데 부산은 이제 막 흐려져 비가 오려 한다고 하였다. 여기에서 부산이 6천여 리이니 만 리의 흐리고 맑음이 비록 같을 수는 없다 해도 한 시간 만에 소식이 서로 통하니 마치 기이한 술책을 부리는 자의 허튼소리와 같다. 그러나 지금까지 겪은 것이 하나도 착오가 없었으니 서법(西法)이 사람을 현혹시키는 것이 대개 이와 같다.

오후에 매기국(煤氣局)을 참관하러 갔다. 정사와 부사는 마차를 탔다. 나는 완거를 타고 그 뒤를 따라갔는데 마차가 빨라서 완거가 따라잡을 수가 없어 갈림길에서 놓쳐 버렸다. 차부가 한 곳으로 이끌고 갔는데 사람이 많이 들끓는 듯하고 수레와 말들이 길을 꽉 메우고 있어 하늘과 같이 큰 길에 수레가 다닐 곳이 없었다. 나중에 들으니 이곳이 곧 우체소(郵遞所)²⁶인데, 이토 히로부미가 막 연경(燕京: 북경)으로 출발할 때라 성 전체 사람이 다 여기로 나와서 전별했다고 한다. 차부가 우두커니 서서 사방을 둘러보니 정사의 바퀴 자국이 보이지 않고 또 가야 할 방향을 알지 못하여 당황한 기색이 있었다. 나를 향해 말을 하는데 나는 벙어리의 소리를 듣는 것 같고, 내가 방향을 알려주어도 그가 듣지 못함이 귀머거리와 같으니 필경 나와 그 사람은 귀가 모두 먹고 입이 모두 벙어리인 것이다. 내가 수레 안에서 혼자 탄식하고 웃으며 말했다.

"귀머거리도 오히려 말을 하고 벙어리도 오히려 들을 줄 아는데, 지금 이 한 몸이 벙어리와 귀머거리를 겸하고 있구나. 한 사람이 벙어리와 귀머거리를 겸하기도 어렵거늘 하물며 두 사람의 벙어리 귀머거리이니 장차 이를 어찌 감당할꼬."

내가 마침내 손을 입으로 삼고 눈을 귀로 삼아 글자 모양을 만들어서

---

26 우체소(郵遞所) : 문맥상 '역체소(驛遞所)'를 가리키는 것으로 보인다.

보여주었는데, 그의 눈도 또한 소경인 것을 어찌 알았겠는가. 손으로 곁에 있던 사람을 불러서 그 사람이 앞으로 오자, 내가 '조선여관(朝鮮旅館)' 네 글자를 써서 보여주니 그 사람이 차부에게 방향을 가리켜 보였다.

다시 관사로 돌아와 통사(通事)를 데리고 매기국에 갔다. 국은 바닷가에 있는데 매기(煤氣: 가스)가 자욱하다. 도쿄 안에는 곳곳에 매등(煤燈: 가스등)이 있는데 모두 여기에서 연소하는 것이다. 또 방향을 돌려 유리창(琉璃廠)에 갔다. 유리는 현재 폐지되어 제조하지 않는다. 창(廠) 안에 쌓아둔 기명(器皿)들이 그리 많지 않았다.

15일

맑음. 고궁(故宮)의 후원(後苑)을 관람하러 갔다. 길을 끼고 양쪽으로 대숲이 빽빽하고 소나무 전나무가 울창하다. 숲 사이로 마차를 달려 마을 어귀로 들어가자마자 평탄한 땅이 넓게 펼쳐지는데 금잔디가 가지런히 깔려 있고 나무 난간으로 주위를 에워쌌다. 이곳이 곧 일본 국왕이 쉬는 날에 말을 달리고 검을 시험하는 장소이다. 또 방향을 돌려 한 굽이에 이르니 정자 하나가 있는데, 히바쿠칸(飛瀑館)이라고 칭한다. 멀리 바라보니 작은 폭포가 언덕 위 벼랑에 매달려 흐르고 있다. 평평한 모래밭으로 물이 떨어지는데 시냇물이 맑고 투명하다. 관(館)에 올라 잠시 쉬고 있으니 관인(館人)이 차를 내왔다. 다 마신 후에 외나무 다리를 따라 걸어 산에 이르러 다시 뒤로 돌아가니 못물이 쪽빛 같은데 짧은 거룻배를 물가에 매어두었다. 섬 가운데 설치한 포도덩굴 시렁이 수십 걸음에 걸쳐 뻗어 있고, 시렁 아래에 두 개의 기석(奇石)이 나란히 서 있는데 푸른 낭간(琅玕) 같은 감벽색(紺碧色)을 띠고 있어 참으로 아리땁다. 또 방향을 돌려 한 곳에 이르니 문밖에 '참관자 휴게소'라고 써두었다. 문으로 들어가 뜰에 이르니, 뜰아래 못이 있고 못가에 한 가지 물건이 있는데 나무도 아니고 돌도 아닌 것을 철망으로 덮어 놓았다. 궁을 지키는 사람에게 물어보니 이것은 곧 소나무 뿌리가 변하여 기이한 물건이 된 것이라고 했다. 그 물건의 이름은 자세하지 않은데, 연대를 징험할 수 없다고 한다.

히바쿠(飛瀑)의 시냇가에서부터 걸음걸음 근원을 찾아가다가 물줄기가 다하는 곳에서 방향을 돌리니 깎아지른 듯한 언덕이 험준하게 솟아 있고 돌계단이 비늘처럼 깔려 있다. 하나씩 밟고 나아가니 위에 작은 누각 하나가 있는데 문은 모두 굳게 닫혀 있다. 뜰 좌우에 푸른 봉우리가 빽빽하게 둘러 있는데 조금도 들쑥날쑥함이 없이 가지런하다. 인도하는 사람이 손을 들어 구름 밖의 봉우리를 가리키며 말하였다.

"저것이 바로 후지산(富士山)입니다. 이곳에 오르면 멀리 바라다 보이지요."

내가 말했다.

"며칠 동안 군마와 먼지 사이를 왕래하여 정신이 자못 어지러웠습니다. 비로소 맑은 마음으로 산수를 감상하게 되니 초연히 호량(濠梁)과 복수(濮水) 사이에 와 있는 듯한 느낌[27]이 드는군요."

인도하는 사람이 "해변에 경치 좋은 곳이 있는데 이름을 힌고칸(濱御館)이라고 합니다. 가보시지 않겠습니까?"라고 하여 그렇게 하자고 하

---

27 호량(濠梁)과 …… 느낌 : 세속을 벗어나 유유자적하는 심경을 뜻한다. 호량은 호수(濠水)의 돌다리로, 장자(莊子)와 혜자(惠子)가 물고기의 즐거움에 대해서 논한 곳이다. 복수는 장자가 초나라 왕의 부름을 거절하고 낚시를 하며 지내던 곳이다. 『장자(莊子)』 추수(秋水)에 나온다.

였다. 곧 문을 나와 차를 타고 그곳에 이르렀다. 관(館)은 못가에 있는데 등나무를 시렁에 얹어 처마를 만들었으며, 못 위의 나무다리가 마치 행각(行閣)과 같았다. 나무다리를 통해 연못을 건너 높은 언덕에 오르니 곧 대해(大海)를 내려다보고 있다. 해변은 모두 돌을 쌓고 나무 난간으로 둘러놓았는데, 그렇게 해둔 것이 수백 리를 뻗어 있다. 난간을 따라 걷다가 북쪽으로 수백 걸음 되는 곳에 이르니 바닷물을 못으로 끌어오는 곳이다. 도랑을 깊이 파고 수문을 높이 달아 닫았다 열었다 하는데 자못 기술이 있다.

다시 방향을 돌려 조조지(增上寺)로 갔다. 절은 도쿠가와씨(德川氏)의 원당(願堂)[28]이다. 절 안의 금불과 금탑이 온 방 안을 비추고 있고 석등과 석비가 절 전체에 늘어서 있다. 세속에서 본디 부처를 숭배하여 극히 성한 데 이르러서 여기에 들인 재물을 헤아려보면 수만금을 밑돌지 않는다. 나라 안에 이러한 절이 셀 수 없이 많다고 한다.

승석(僧夕: 이른 저녁)에 관소로 돌아왔다. 이날 밤은 상원(上元: 정월 대보름) 밤이니 가국(家國)에 대한 그리움과 나그네 회포를 금하기 어렵다. 저녁에 본국의 생도들이 모여서 술상을 차리고 회포를 푸니 북해(北海)의 한 모퉁이가 한경(漢境)이 된 것 같다. 다만 생도들의 언어와 의관이 도리어 좋지 않게 변한지라 자리를 둘러보고서 근심이 일어 즐겁지가 않았다. 한밤중에 여러 사람들이 모두 흩어지고 바로 잠이 들지가 않아서 누대에 올라 달을 바라보았다. 누대를 내려와 고향을 생각하며 뒷짐을 지고 천천히 걷노라니 마음이 쓸쓸해졌다. 방에 들어가 등불을 마주하고 절구 두 수를 지었다.【시는 아래에 나온다.】

---

28 원당(願堂) : 죽은 사람의 영정과 위패를 모시고 명복을 빌어주는 법당을 뜻한다.

16일

정사와 부사가 요코하마에 가서 각국 공사를 방문했다. 목공은 저물녘에 돌아오고 추당 어른은 작은 화륜선을 타고 다시 요코스카(橫須賀)[29]까지 가서 배 만드는 것을 두루 참관하였다.

17일

바람이 크게 붊. 오후 4시에 추당 어른이 요코스카에서 돌아왔다.

18일

바람이 붊. 아침에 일어나 이달 12일에 보낸 서형(徐兄)의 서신을 보았다. 편지를 받아드니 너무 기뻐서 마치 하늘에서 내려온 것만 같았다.

해군의 조련을 참관하러 갔다. 바닷물이 굽이치는 곳에 큰 화륜선을 대어놓고 전투와 방어의 기술을 익히는데, 돛대를 오르내리기를 평지를 밟는 듯이 하며 매가 달려드는 듯 돌격하고 새가 웅크리듯 엎드려 숨는다. 적의 동정을 염탐하며 기회를 보아 응접하는 것에서 모두 민첩함을 중시한다. 다만 우려되는 것은 화공(火攻)이 닥칠 경우의 방어책이 부족하다는 점이다.

오후에 정사와 부사가 공부대학교(工部大學校)를 참관하러 갔다. 나는 신기(神氣)가 편치 못해 참관하지 못했다.

밤에 외무성과 약속한 모임에 갔다. 모임 중에 이노우에 가오루가 웃으면서 정사에게 말했다.

---

29 요코스카(橫須賀) : 현재 가나가와현(神奈川縣) 요코스카시(橫須賀市)를 가리킨다. 이곳에 요코스카조선소(橫須賀造船所)가 있었다.

"오늘밤의 모임에는 귀국의 우정국(郵政局)의 변[30]은 필연코 없을 테니 조금도 염려하지 마십시오."

정사가 웃으며 말했다.

"귀국에 설혹 우정국의 변이 있을지라도 나와는 관계가 없으니 무슨 염려가 있겠습니까."

가오루가 말했다.

"귀국의 대군주께서 필시 우리나라 같은 곳을 두루 보신 다음에야 개화가 속히 이루어질 것입니다."

정사가 정색을 하고 말했다.

"그렇지 않소이다. 사방에 힘껏 주선하여 군주를 높이고 백성을 구제하는 것이 신하된 자의 직분입니다. 남의 신하가 되어서 자신의 군주가 다른 나라를 바삐 돌아다니게 한다면 그 나라에 신하가 있다고 말할 수 있겠습니까?"

가오루가 말했다.

"러시아와 영국, 프랑스 등의 국왕 또한 모두 각국을 두루 유람하기를 오랫동안 한 뒤에 돌아와서 능히 부강을 이루었으니 해로울 것이 무엇이 있겠습니까?"

정사가 말하였다.

"이는 구라파(歐羅巴)에서는 혹 그러할지 모르나 아세아(亞細亞)의 경계 안에서 임금이 친히 각국을 유람한 경우가 누구에게 있었단 말입니까? 대저 임금이 나라를 다스리는 도는 문을 나가지 않고서도 교화가 천하에 행해지는 것이니, 어찌 애써 돌아다니는 것을 일삼겠습니까?"

---

30 귀국의 우정국(郵政局)의 변 : 갑신정변을 가리킨다.

가오루가 말했다.

"공의 말씀은 곧 천 년 전의 일입니다. 아마도 시대에 마땅한 조처와 는 맞지 않는 듯합니다."

정사가 말하였다.

"고금이 비록 그 마땅함을 달리한다고 하지만 옛날이 없으면 지금도 없으니 옛 일을 참작하여 오늘날에 통하게 하는 것이 나라를 다스리는 큰 계책입니다. 공의 말씀은 크게 지나치군요."

시시도(宍戸)[31]라는 자는 일찍이 중국에 갔다가 돌아왔는데, 자리에 있다가 나와서 말하였다.

"옛날 요순도 또한 사방의 산악을 순수(巡狩)하였으니 임금이 멀리 유람함은 옛 일로 징험할 수 있습니다."

정사가 말하였다.

"이는 강역 안을 순행하여 출척(黜陟)의 정사를 행한 것입니다. 어찌 다른 나라를 유람한 일이 있었겠습니까?"

대개 일본 조정에서 현재 요직에 있는 자들은 태정대신(太政大臣) 이 하로부터 대부분 이리저리 떠돌아다니며 경박하게 행동하는 사람이다. 서양을 유람하고 돌아와 국난(國難)을 외치면서 임금을 압박하여 옛 규 칙을 변경해 어지럽히고 새 제도를 창설하여 언어와 문자, 의관과 거처 에 모두 서양 법도를 따른다. 천지 사이에 다만 태서(泰西: 서양)가 있다 는 것만 알고 천 년 전 당우(唐虞) 시대에 어떠한 임금과 백성이 있었으

---

31 시시도(宍戸) : 시시도 다마키(宍戸璣). 1829~1901. 조슈번(長州藩) 출신의 정치가. 1879년 3월 일본 주청국공사(駐淸國公使)로 중국에 가서 유구(琉球) 문제에 관한 교섭을 진행하고 1881년에 귀국하였다. 1884년 4월 참사원(參事院) 의관(議官)에 임명되고 이듬 해 12월 원로원(元老院) 의관으로 당선되었다.

며 삼대(三代)에 어떠한 정치가 있었는지 알지 못한다. 임금을 높임은
그 권한을 가져오기 위한 것이요 신하를 부림은 자기 뜻에 아첨하게
하는 것이니 임금이 임금답지 못하고 신하가 신하답지 못한 데 이르고
서는 "개화는 마땅히 이러해야 한다."고 말한다. 개화가 남의 국가에
화를 입히는 것이 이토록 심하구나. 지금 이후로 무쓰히토(睦仁: 메이지
천황(明治天皇)의 이름) 씨의 권력이 누구의 손안에 있게 될지 알 수 없다.

19일

맑음. 부자묘(夫子廟)[32]에 배알하러 갔다. 문밖에 비석이 서 있는데
도쿄도서관(東京圖書館)[33]이라고 적혀 있다. 문에 들어가 정전(正殿)에
이르니 현판이 있는데, 금자(金字)로 대성전(大成殿)이라고 써두었다.
전문(殿門) 밖에서 거리를 지나 협문(夾門)으로 들어와 정당(正堂)에 다
다랐다. 부자(夫子)의 금상(金像)이 감실(龕室) 안에 봉안되어 있는데 주
벽(主壁)에 단정히 앉아 있고 좌우에 안연(顏淵), 증자(曾子), 자사(子
思), 맹자(孟子) 4위(位)의 금상이 있다. 모두 온몸에 먼지를 뒤집어쓰고
있어 한 번도 닦은 흔적이 없다. 이 나라 또한 일찍이 공맹(孔孟)의 학
문을 존숭하여 상(像)을 봉안하여 공경함을 다하고 경전을 강습하였다.

---

32 부자묘(夫子廟) : 유시마성당(湯島聖堂). 현재 도쿄도(東京都) 분쿄구(文京區) 유시마
(湯島)에 있는 공자묘(孔子廟)를 가리킨다.

33 도쿄도서관(東京圖書館) : 현재 도쿄도(東京都) 분쿄구(文京區)에 있었던 도서관. 메
이지정부는 도쿠가와 막부의 가이세조(開成所), 쇼헤이자카학문소(昌平坂學問所), 의학
관(醫學館) 등의 시설을 병합하고 막부의 서적들을 태정관(太政館) 등으로 옮겨 보관하였
다. 1872년 문부성은 서적관(書籍館)을 창립하여 각 관청에 보관되어 있던 서적을 일반에
공개하였다. 개설 당시 약 13만 책을 소장하고 있었으며 이후 도쿄서적관, 도쿄부서적관,
도쿄도서관으로 개칭되었다.

개화한 이후로 경사(經史)를 모두 폐하여 곁채의 협실(夾室)에 치워두고, 정당의 좌우 시렁에 가득한 서책들은 모두 다 서양의 글일 따름이다. 정사를 따라 첨배례(瞻拜禮)를 행하고서 이리저리 거닐며 우러러 보다가 나도 모르게 멍하니 탄식하며 말하였다.

"부자의 도는 그 크기가 가없건만 부자의 명(命)은 그 궁함이 더욱 오래로구나. 이미 당시에 용납되지 못하였는데 수천 년 후에 또 이러한 곤액이 닥쳤으니, 불운한 때가 어찌 그리 많은가. 비록 그러하나 노나라의 춘추대의(春秋大義)가 있었으니 뗏목을 타고 바다를 건너서 가고자 했던 곳이 우리 은사(殷師: 기자(箕子)를 지칭함)의 고국(故國)이 아니라면 어디였겠는가?"

다시 사범학교(師範學校)를 보러갔다. 남학교와 여학교가 있는데 남녀 4, 5세 이상을 선발하여 학교장(學校長)을 두어 가르친다. 각자 자리가 있어 의자에 열을 지어 앉는데, 구획이 어긋남 없이 일정하다. 가장 어린 아이들은 먼저 손으로 하는 놀이를 배운다. 바늘과 실로 각색의 종이를 꿰는데, 둥근 모양도 있고 길쭉한 모양도 있으며 각각 간격을 두어 대갓끈과 같이 만든다. 조금 더 큰 아이들은 나무 조각으로 집을 짓는 것을 배운다. 8세 이상이 되면 소학교(小學校)에 들어가서 글씨쓰기, 셈하기, 기계, 그림 그리는 법을 배운다. 10세 이상은 중학교(中學校)에 들어가는데, 소학(小學)의 일을 넓혀서 사물에 대해 폭넓게 아는 것[博物]에 힘쓴다. 여자 또한 나이에 따라 승차(陞次)하여 서적, 글씨, 그림, 조각의 공예를 가르치며 식사 후에는 매번 운동을 시킨다. 한 여자가 찬미성(贊美聲)【서양 악곡의 명칭】으로 가락을 맞추면 여러 여자들이 두 손에 목탄환(木彈丸)을 들고서 소리에 응하여 그것을 두드린다. 손으로 춤추고 발로 뛰면서 빙 돌고 나아가고 물러나는 것이 군대

의 제도를 배우는 것과 다를 바 없다. 대개 혈맥을 요동치게 하여 질병
이 생기지 않게 하려는 것이다.

　육군사관(陸軍士官)의　교장(敎場)과　포병공창(砲兵工廠)을　참관하러
갔다. 말을 달리고 포를 쏘며 뛰어오르고 요령 있게 넘어지며, 높은 곳
에 기어올라 험지를 공략하며 앞 다투어 용맹을 드러내는 형상을 한다.
기예가 점차 정밀하고 숙련되면 또 산수(算數), 측후(測候), 그림 그리
기, 물건 만드는 기술을 배워서 모두 익힌 뒤에 비로소 상장(上將: 장교)
이 된다.

　대저 일본의 군율(軍律)과 병제(兵制)가 정밀하고 강하지 않은 것이
아니나 서양인의 눈으로 본다면 다만 어린아이 장난을 면치 못한 수준
일 것이다. 하물며 국토의 넓이가 같지 않고 군사와 말의 강건함이 나
란하지 않으며 지수(地水)의 장인(丈人)[34] 같은 장수가 없고 병(兵)은 모
두 시정의 유랑민이거늘 마침내 남의 기술을 배워서 남의 창끝을 부러
뜨리려 하니 또한 어렵지 않겠는가? 한 사람 한 사람을 모두 방몽(逢
蒙)[35]으로 만들 수 있다면 좋겠지만, 그렇지 않다면 저들의 기예는 무궁
한데 우리의 재주는 다만 한 마리 검려(黔驢)[36]일 뿐이어서 병지(兵志)에

---

34 지수(地水)의 장인(丈人) : 지수(地水)는 『주역(周易)』 사괘(師卦)를 가리킨다. 장인
(丈人)은 사괘에 나오는 말로, 지략과 덕망을 지녀 삼군의 장수가 될 만한 사람을 뜻한다.
35 방몽(逢蒙) : 옛날에 활을 잘 쏘던 사람. 예(羿)에게서 활쏘기를 배웠는데, 천하에 자신
보다 활을 잘 쏘는 사람은 예 하나뿐이라고 생각하고 그를 죽였다. 『맹자』 이루하(離婁下)
에 나온다. 여기서는 일본인이 서양인에게서 배운 기술로 그들을 이기려는 것을 방몽에
빗댄 것이다.
36 검려(黔驢) : 검주(黔州)의 당나귀. 재능이 졸렬한 것을 뜻한다. 중국 검주에는 당나귀
가 없었는데 어떤 사람이 당나귀를 가져와서 풀어놓았다. 호랑이가 당나귀를 처음 보고는
그 몸집과 울음소리에 겁을 먹었는데, 오가며 자주 보고 그 발길에도 채여보고서 대단치
않음을 알고 잡아먹었다고 한다. 『유하동집(柳河東集)』 권19 「삼계(三戒)」에 나온다.

서 말한 태산(泰山)과 누란(累卵)이라는 것이다. 승패의 형세가 적을 보지 않고서도 결정되니, 그러므로 반드시 스스로 강해지고자 한다면 덕을 닦느니만 못하다. 증자(曾子)가 말하길, "저들이 부(富)로써 대한다면 나는 인(仁)으로 대하겠으며, 저들이 재물로써 대한다면 나는 나의 의(義)로써 대하겠다."고 하였다. 맹진(孟津)의 군사가 주(紂)에 맞설 수 없었고[37] 호소(縞素)를 입은 군사가 항우(項羽)와 싸울 수 없었으나[38] 끝내는 큰 공을 이루었다. 계량(季梁)이 수(隨)에 있으니 초나라가 침략하지 못하였고[39] 사마광(司馬光)이 송(宋)에 재상으로 있으니 적들이 경계하였던 것은 덕 때문이었지 세력 때문이 아니었다. 승냥이와 이리는 만족할 줄 모르는데 개와 돼지가 함부로 달려드는 것과 같은 지경에 이르렀으니 비록 그 제도를 배운다 한들 그 칼끝을 막기 어려울 것이다. 배우거나 배우지 않았거나 패하는 것은 똑같다. 만약 덕을 닦는다면 군대가 비록 패하더라도 닦아놓은 덕은 오히려 바닥에 떨어지지 않으리니, 『맹자(孟子)』에서 이른바 "계속 이어지게 한다."[爲可繼][40]는 것

---

37 맹진(孟津)의 …… 없었고 : 맹진(孟津)은 옛날 황하의 나루터 이름이다. 주(周) 무왕(武王)이 은(殷)의 주(紂)를 칠 때 맹진에서 제후들과 회맹(會盟)하고 군대를 사열했다. 주(紂)의 무리는 많고 무왕의 군사는 적었으나 무왕이 어진 덕으로 이끌었기 때문에 주의 군대를 이길 수 있었다. 『서경(書經)』 무성(武成)에 보인다.

38 호소(縞素)를 …… 없었으나 : 호소(縞素)는 흰 상복을 뜻한다. 한 고조 유방이 의제(義帝)를 위해 발상(發喪)하고 제후들에게 상복을 입고 주군을 시해한 대역죄인 항우를 토벌하자고 주장하여 마침내 승리하게 된 일이 『사기(史記)』 「고조기(高祖紀)」에 나온다.

39 계량(季梁)이 …… 못하였고 : 초(楚) 무왕(武王)이 수(隨)를 침략하고 일부러 약한 모습을 보여 수후(隨侯)의 추격을 유도하려고 하였다. 이에 계량이 수후를 제지하며 소국이 대국을 대적하려면 소국은 잘 다스려지고 대국은 어지러워야 하며, 임금이 정사를 잘 닦고 형제의 나라와 친하게 지내야 환난을 모면할 수 있다고 충고하였다. 이에 수후가 두려워하여 정치에 힘쓰니 초나라가 감히 침략하지 못하였다. 『좌전(左傳)』 환공(桓公) 6년 기사에 나온다.

이 실로 천고의 격론(格論: 사리에 합당한 말, 명언)인 것이다. 또 임기응변함과 기이한 계책을 내어 승리를 거둠은 모두 스스로 터득하는 권모(權謀)이지 배워서 잘할 수 있는 것이 아니다.

20일

아침에 비 오고 저녁에 갬. 벗 서양백에게 답서를 써서 우편국에 부쳤다.

21일

흐림. 대학교의 광학소(礦學所), 화학소(化學所), 의학소(醫學所) 등을 참관하러 갔다.

광물을 캐는 법은 이러하다. 산을 뚫고 흙을 퍼내어 도르래로 삼태기를 매달아 올렸다 내렸다 하는데, 한 삼태기가 올라가면 한 삼태기가 내려가면서 고리처럼 잇달아 멈추지 않는다. 물을 끌어다가 모래를 일고, 모래를 정련(精鍊)하여 가루로 만든다. 모두 기륜(機輪)으로 하는데 일이 매우 빠르고 편리하다.

화학(化學)의 법은 오로지 물과 불 두 가지의 기(氣)가 서로 도와 신기한 작용을 하는 것이니 변환이 끝이 없다. 사용하는 도구는 모두 유리와 강수(强水: 산류(酸類))였다.

---

40 "계속 이어지게 한다."[爲可繼] : 『맹자』 양혜왕하(梁惠王下)에서 외침(外侵)을 걱정하는 등문공에게 맹자가 "진실로 선을 행하면 후세의 자손 가운데 반드시 왕자(王者)가 나올 것입니다. 군자는 기업을 창건하고 전통을 드리워서 계속 이어지게 할 뿐입니다. 공을 이루는 것은 곧 하늘의 뜻이니, 임금께서 저들을 어찌하시겠습니까? 힘써 선을 행할 뿐입니다."[苟爲善, 後世子孫必有王者矣. 君子創業垂統, 爲可繼也. 若夫成功則天也, 君如彼何哉. 彊爲善而已矣.]라고 하였다.

암실 안에 거울 하나를 세워놓고 앞에 미경(迷鏡) 두 개를 매달아 두었는데 하나는 곧고 하나는 비스듬하다. 또 문밖에 거울 하나를 설치하여 태양의 기(氣)를 받게 하고, 창문 가운데로부터 구멍 하나를 내어서 방 안의 거울과 더불어 멀리 서로 마주하게 되어 있다. 비스듬한 거울을 통해 엿보면 환하게 밝은 세계에 오색이 영롱하다. 이러한 방법으로 황도와 적도를 관측하는 것이다.

의학교에 이르니 방 안에 해골이 가득하여 더러운 냄새가 구역질을 일으킨다. 시렁 위 유리 항아리 안에 사람의 장부(腸腑)를 많이 담아 놓았는데, 약수(藥水)에 담가서 썩지 않게 해둔 것이다. 또 한 곳에 이르니 방금 막 죽은 사람을 칼로 피부를 벗기고 살을 잘라서 사지를 분해해 놓았으니 귀로도 차마 들을 수 없는 말이거늘 눈으로 차마 어찌 보겠는가. 일행의 상하 모두가 고개를 돌리고 코를 싸쥐고는 바로 다른 곳을 향했다.

대개 서양의 습속에 사람에게 치료하기 어려운 병이 있어 사경을 헤매게 되면 장차 죽을 사람이 그 아들에게 부탁하여 의원(醫院)에 시신을 맡겨서 피부를 벗기고 뼈를 잘라서 그 병이 생긴 곳을 찾아내어 후세 사람들이 혜택을 입게 한다. 사람의 자식 된 자가 그 어버이를 차마 두 번 죽게 만들 수 없어 그 뜻에 따르지 않으면 불효라고 하면서 물리쳐 더불어 사귀지 않는다. 지금 일본 사람들이 그 법을 심하게 흠모하여 시체를 매매하는 데 이르렀으니 불인(不仁)의 극치이다. 어찌 인간의 리(理)를 들어서 꾸짖을 수 있겠는가?

22일

바람이 붊. 병조판서의 편지가 도착했다.

일본인 고지마(小島)가 생도 엄주흥(嚴柱興)을 통해서 나의 글씨를 얻고자 하였다. 내가 율시 한 수를 써서 주었다.

23일

맑고 따뜻함. 밤에 오야마 이와오의 로쿠메이칸 연회에 갔다. 누각 위아래에 매등(煤燈)과 납촉이 꽃떨기를 모아놓은 것 같고 아름다운 꽃과 좋은 풀들은 비단 병풍을 펼쳐놓은 것 같았다. 누각의 3층에 오르니 어두운 색 옷을 입은 남자와 하얗게 분 바른 여자가 패향(珮香)을 간들거리며 피리소리로 가락을 맞추고 있다. 모든 문무 관리들이 부녀(婦女)를 데리고 와서 각국의 남녀와 더불어 둘씩 껴안고 밤이 새도록 다 같이 춤을 추니, 마치 비단 같은 수풀 속에서 새와 짐승들이 떼 지어 모여서 노는 것 같았다. 일본의 여자들은 다들 서양 옷을 입을 줄 알고 서양 춤을 출 수 있으니 이는 유신 이후의 풍속이다. 여자들의 개화는 남자들에게 뒤지지 않는데, 개화 이전에 여자들에게 좋은 풍속이 없었던 것을 미루어 알 수 있다.

더 우스운 일이 있었다. 스무 살 남짓 되는 한 미인이 있었는데 사람들 사이에서 문득 내 손을 붙잡더니 뭐라 뭐라 말을 한다. 통역에게 물으니 이 사람은 육군경의 부인인데 연회에 와준 것에 사례하는 말이라고 하였다. 나는 책상머리의 한 서생으로서 창부와 주모의 손도 일찍이 잡아본 적이 없거늘 갑자기 이런 지경에 처하니 나도 모르게 당황해 버렸다. 통역이 "이는 우리나라에서 귀빈을 대할 때의 제일의 일입니다. 이상하게 여기지 마십시오."라고 말하였다. 결국엔 나도 문득 기쁜 얼굴빛을 하고 연회를 베풀고 초청해 주어 훌륭한 모임에 참가할 수 있게 되었음에 사례하였다. 이것이 세속에서 말하는 "미치광이가 옆에 있으면 미치지 않은 사람도 따라서 미치광이가 된다."는 것이다. 남녀 간에 윤리가 없고 존비 간에 법도가 없는 것이 이러한 지경에 이르렀으니 심히 추하다고 하겠다. 통역이 나를 위해 손가락으로 가리키며 "저 사람은 태정대신의 부인이고 이 사람은 외무경의 본부인입니다."라고 말해주었다.

춤을 다 추고 앉아서 쉬는 사람도 있고 막 춤의 대열로 들어가는 사람도 있었다. 내가 동서를 두루 살피고 있는데 촛불 아래에서 좁은 모자를 쓰고 넉넉한 옷을 입은 장부 한 명이 온화한 모습으로 나에게 읍하며 말하였다.

"오늘밤의 구경이 즐거우십니까?"

누구인지 보니 중국 참찬관 양추(楊樞)였다. 내가 답례로 읍하고 말하였다.

"똑같이 구경하고 있지만 즐겁고 즐겁지 않음은 자기 뜻에 달린 것이지요. 뜻이 어떠하신지 궁금하군요."

양이 말하였다.

"한 번 보고 나니 곧 재미가 없어졌습니다. 어찌 그 즐거움을 알겠습니까?"

내가 말하였다.

"대순(大舜: 순 임금)의 시대가 멀고 신기(神夔: 순 임금 때 음악을 담당한 사람인 기(夔))가 일어나지 않으니 석경(石磬) 소리가 조화롭지 않은데, 저들이 서로 이끌고 춤추는 것은 과연 무엇일까요?"

더불어 한바탕 웃고 헤어졌다.

24일

바람이 붊. 중국 참찬관 진명원(陳明遠)이 방문했다. 명원은 자가 철보(哲甫)이며 나이는 29세이다. 관직은 중서(中書)이며 집은 절강성(浙江省) 해염현(海鹽縣) 곡척항(曲尺衖)이다. 작년 겨울 전지(電旨: 전보로 전달하는 긴급 유지)를 받들고 공사(公使) 서승조(徐承祖)를 수행하여 지금 일본에 와 있다. 용모가 단정하고 학술이 자못 올바르니, 개화 중에 병든 풍속에 물든 자가 아니었다.

25일

눈이 조금 내림. 밤에 고지마 데이조(小島貞造)가 찾아왔다. 스스로 말하길 자신은 수구(守舊)하고 있는 사람으로서 벼슬을 구하지 않고 물러나 시골집을 지키며 다만 농상(農桑)을 업으로 삼고 있으며, 근년에 비로소 머리를 깎고 양복을 입었는데 이는 자취를 감춰 숨고자 함이지 자신의 평소 뜻은 아니라고 하였다.

26일

바람이 붊. 밖에 나가면 비속한 기운이 눈에 넘쳐나고 들어오면 부질없는 걱정이 가슴에 가득 찬다. 종일 문을 닫고서 한묵(翰墨)에 마음을 붙이려 했으나 또한 흥취가 일어나지 않았다. 문득 책상머리의 소매(小梅)가 가지 몇 개에 꽃을 피운 것을 보니 더욱 가국(家國)에 대한 생각을 금할 수가 없다. 붓을 달려 절구 세 수를 지었다.【시는 아래에 나온다.】

27일

맑음. 중국 공관을 방문하여 서(徐) 공사와 양(楊), 진(陳) 두 참찬과 필담을 나누었다.

오후에 인쇄국(印刷局)을 참관하러 갔다. 이곳은 지폐를 만드는 곳이다. 대저 지폐를 사용하는 법은 금·은과 가치를 맞추는 것이다. 가령 금·은전으로 만 원을 저축하면 지폐 또한 만 원을 만드는 식이다. 지폐는 끝에 가서는 반드시 금·은전으로 환급해 주는데 덜 주거나 더 많이 주는 일이 없어야 하니, 우리나라의 전표(錢標) 거래【세속에서 말하는 어음(於音)】와 마찬가지이다. 다만 우리나라의 전표는 돈이 사(私: 개인)에 있으므로 표를 전해주고 돈을 찾으니 돈을 가지고 화(貨)를 유통시키는 것이다. 지폐는 돈이 공(公: 국가)에 있으므로 종이를 돈으로 삼아 통행하여도 문제될 것이 없다. 그러나 현재 일본은 지폐는 넘쳐나는데 금·은은 줄어들어서, 태환하고자 하여도 다만 종이 위의 헛된 문구일 뿐이다. 주조하는 금·은전은 모두 외국 상인의 이익을 보태주고 있으니, 백성들이 그 술수에 말려 들어갔는데도 우매하여 알지 못하고 있다.

화학(化學), 인자(印字), 수기(水機), 전기(電氣), 검술(劍術) 등의 여러 법을 두루 관람하였다.

28일

흐리고 음산함. 진명원이 추당 어른에게 율시 한 수를 부쳤는데 시구에 강개함이 꽤 많았다. 서 공사가 편지를 써서 2월 초3일 하오 7시에 술상을 차리고 회포를 풀자고 하였다. 밤에 앉아 있으니 잠이 오지 않아 진철보의 시에 차운하여 율시 두 수를 지었다.

29일

맑음. 외무성에 조회를 보내어 "담판(談辦)할 일이 있으니 내일 정·부 대신이 몸소 귀(貴) 성(省)으로 가고자 합니다. 가기에 앞서 시간을 정하기를 요청합니다."라고 하였다.

이 나라에 들어와서부터 정사 어른은 속히 사신의 일을 마무리 짓고 빨리 귀국선에 오르고자 하여 매번 목공에게 이 말을 꺼냈다. 그러나 목공이 먼저는 아직 각 공관에서 공의를 모으지 못했다고 칭하고 다음에는 외무경이 지방에서 아직 돌아오지 않았다고 칭하더니, 또 선편이 끊어져서 떠날 날짜를 아직 정할 수 없다면서 세월을 지연시키고 있으니 조급한 마음을 이길 수가 없다. 그러나 기류(氣類)가 같지 않아 언어가 통하지 않으니 강요할 수도 없고, 다만 동정을 살펴보면 매사에 서두르지 않고 여유 있게 하는 데 힘쓰고 있다.

오늘 비로소 조회를 보냈는데 이노우에 가오루가 아직 난카이도(南海道)에서 돌아오지 않았으므로 외무대보 요시다 기요나리와 만나서 담판하기로 약속하였다.

오후 2시에 청 공사관에 가서 이야기를 나누다가 저물녘에 관소에 돌아왔다.

30일

종일 비 옴. 외무성에서 조회에 대한 회답을 보냈는데 "오늘은 일이 있어 담판할 수 없으니 내일을 기다려 만나기를 바랍니다."라고 하였다. 밤에 율시 한 수를 지었다.【시는 아래에 나온다.】

2월

1일

바람이 크게 붊. 오후 3시에 외무성에 갔다. 역범(逆犯)의 체포, 생도(生徒)를 불러들여 쇄환(刷還)[41]하는 일, 울도(蔚島: 울릉도)의 목재 대금 등 세 가지 일로 하루 종일 담판(譚判)하였다.

2일

아침에 화창하고 저녁에 흐림. 역범과 목재 일로 외무성에 조회 두 통을 보냈다. 고지마가 와서 봉투 한 갑을 주기에 부채 다섯 자루로 보답하였다.

후쿠자와 유키치(福澤諭吉)[42]는 일본 민권당(民權黨)의 지도자이다. 집에 우리나라의 역당을 모아놓고 혹 그 나라에서 체포하여 넘겨줄까 걱정하여 공법(公法)을 설명하는 등 만단으로 방해하고 있다. 또, 역당을 위해 있는 힘을 다해 변명을 하고, 사절(使節)을 비판하여 온갖 방법으로 잘못을 들추어내면서 없는 일을 만들어내느라 여력이 없다. 하루는 우리나라 생도 김한기(金漢琦)를 통해 흠차 일행을 초청하여 밥을 먹자고 요청하였다. 정사 어른이 듣고서 한기에게 말씀하시길, "나는 후쿠자와가 서주(西州)의 호걸이라 할 만하다고 들었다. 비록 호걸과 한번 만나고 싶은 바람이 있긴 하지만 그 집에 포도수(逋逃藪)[43]를 두고서 이웃나라의

---

41 쇄환(刷還) : 외국에서 유랑하는 동포를 데리고 오는 것, 혹은 본적지를 이탈한 백성이나 노비를 찾아 본거지로 돌려보내는 것을 의미한다.

42 후쿠자와 유키치(福澤諭吉) : 각주 19번 참조.

43 포도수(逋逃藪) : 죄를 짓고 도망친 사람을 받아주는 소굴.

범죄자를 숨겨주고 있으니, 그 범죄자들을 붙잡아 보내준다면 내가 갈 수 있을 것이다."라고 하니, 다시는 감히 요청하지 않았다.

3일

맑음. 요코하마에 등대국(燈臺局)이 있는데 국장이 흠차 일행에게 등 대를 관람하기를 청하였다. 상오 9시에 요코하마에 유람하러 갔다. 유 리로 등실(燈室)을 만들었는데 크기가 큰 종(鍾)만 하여 그 안에 열 명 정도가 들어갈 수 있다. 높이는 몇 길[丈]이 되며 층층이 쌓아 물고기 비늘처럼 맞붙어 있다. 그 안에서 석유로 불을 지피는데, 등이 돌아가 면서 불꽃이 산 같이 일어나고 모서리가 구르면서 불빛의 모양이 달라 진다. 등에 층이 있어서 불의 기세가 더 길어지고 모서리가 있어서 불 빛이 각기 달라지는 것이다. 등은 3층의 대 위에 있는데, 대는 우리나 라의 십자각(十字閣)의 제도와 같은데 조금 더 크다. 바로 바다를 내려 다보고 있어서 밤이 되어 등불을 켜면 수백 리 바깥에서 윤선(輪船)이 왕래할 때에도 파도와 암초를 비춰줄 수 있다고 한다. 또 각종 깃발 신호를 두어서 바다 위 백 리 밖에서 서로 문답을 할 수 있다. 어떤 사건을 물어보려면 어떤 색깔의 깃발을 들고 회답 또한 그렇게 하는데, 순서대로 깃발을 들어 올려 그대로 한바탕의 담화를 이룬다.

하오 3시에 관소에 돌아와서 7시에 청나라 공관의 모임 약속에 갔 다. 진철보가 나에게 시 두 수를 주었다. 더불어 필담을 나누는데 고금 을 넘나들며 인물을 평론하였다. 공사 서승조가 말하였다.

"오소수(吳筱帥)[44]는 내 어릴 적 벗입니다. 그 사람됨이 매우 정성스

---

44 오소수(吳筱帥) : 청나라 회군(淮軍)의 장수였던 오장경(吳長慶). 1834~1884. 자(字)

럽고 정대하여서 군자의 풍모가 있었지요. 지금은 죽었으니 애통함을 이기지 못하겠군요. 마상백(馬常伯)과 미숙(眉叔) 두 사람[45]은 자못 재주가 있었으나 학술이 바르지 못하여 서씨(西氏)에게 **빠져들었으니** 애석합니다."

진철보가 말하였다.

"주가록(周家祿)[46]은 나와 더불어 오랫동안 같이 공부한 벗인데, 세상에 강개한 뜻이 있고 또 문사(文思)가 뛰어납니다. 소수(筱帥)의 막부를 따라가 오랫동안 귀국에 주재하였으니, 혹 서로 얼굴을 아는 사이인지요?"

그리고는 또 말했다.

"학문의 도는 반드시 성(誠)과 정(正)을 귀히 여겨야 하니, 뜻이 정성스럽지 못하고 마음이 바르지 못하고서 학문에 종사하고자 한다면 진정한 학문이 아닙니다. 저는 학문을 하려는 마음은 비록 독실하지만 바다 위를 분주히 다니느라 평소의 뜻을 거스르게 되었습니다. 다행히 한 마디 경계의 말씀을 얻는다면 길을 헤맬 때에 지남(指南)으로 삼을

가 소헌(筱軒)이므로 소수(筱帥)로 칭한 것이다. 임오군란 발발 후 조선에 파견되어 마건충(馬建忠), 정여창(丁汝昌)과 함께 홍선대원군을 체포하고 군란을 평정하였다. 이후 그대로 조선에 주둔하다가 1884년 청불전쟁에서 청군이 패하자 귀국하여 금주(金州)에 갔는데 곧 병사하였다.

45 마상백(馬常伯)과 미숙(眉叔) 두 사람 : 미숙(眉叔)은 마건충(馬建忠, 1845~1900)의 자(字)이다. 마상백은 마건충의 넷째 형인 마상백(馬相伯, 1840~1939)이다. 마상백의 본래 이름이 건상(建常)이었기에 '相'을 '常'으로 잘못 쓴 것으로 보인다. 마상백은 예수회 신부였으며, 마건충은 청말 양무파(洋務派) 관원으로 외교관이자 언어학자였다. 마건충의 저서 『문통(文通)』은 중국 최초의 체계적인 한문 문법서이다.

46 주가록(周家祿) : 청 말의 시인·학자. 1846~1909. 자는 언승(彥升). 강소성(江蘇省) 해문(海門) 출신. 1870년 공생(貢生)이 되었고 이후 강포(江浦) 등 여러 곳의 훈도(訓導)를 지냈다. 나중에 오장경(吳長慶)과 장지동(張之洞)의 막하에 들어가기도 했다. 『조선기사시(朝鮮紀事詩)』를 남겼다.

수 있을 것입니다."

추당 어른이 사양하며 말했다.

"어찌 감당하리오. 어찌 감당하리오. 그러나 제가 일찍이 들으니 도(道)는 공맹으로 거슬러 올라가며 학(學)은 정주(程朱)를 통해야 한다고 합니다. 이는 천지에 세워도 어그러짐이 없고 성현을 기다려도 바뀌지 않는 것입니다.[47] 형의 학문이 능히 그 영역을 밟으며 실지(實地)에 발을 딛고 있으니 어찌 부러워하며 감복하지 않을 수 있겠습니까."

이어서 물었다.

"왕자전(王紫詮)[48]은 어떠한 사람입니까? 이 사람은 주색에 빠진 사람이 아닙니까?"

진(陳)이 말했다.

"주색은 다만 그의 중요치 않은 부분일 뿐입니다. 그는 일찍이 발적(髮賊)[49]에게 헌책(獻策)한 일이 있어 조정에서 잡아 죽이려고 했습니다. 도주하여 홍콩에서 지낸 것이 십여 년이었는데 근자에 비로소 귀국하였습

---

47 천지에 …… 것입니다 : 『중용장구(中庸章句)』제29장에서 군자(君子)의 도(道)를 설명한 말 가운데 "천지에 세워도 어긋나지 않으며"[建天地而不悖] "백세(百世) 뒤의 성인을 기다려도 의혹되지 않는다."[百世以俟聖人而不惑]고 한 것을 인용한 표현이다.

48 왕자전(王紫詮) : 청 말의 개혁사상가·언론인인 왕도(王韜). 1828~1897. 자전(紫詮)은 자이다. 1860년 이수성(李秀成)이 이끄는 태평천국군이 소주(蘇州)와 상주(常州)를 점령했을 때 황원(黃畹)이라는 가명으로 태평천국책을 올렸다. 1862년 이 사실이 발각되어 체포 명령이 떨어졌고, 이에 상해 영사관으로 피신했다가 곧 홍콩으로 망명하였다. 1874년 홍콩에서 최초의 중국인 발행 중국어 신문인 『순환일보(循環日報)』를 창간했다. 1882년 상해로 돌아왔다.

49 발적(髮賊) : 1850년 홍수전(洪秀全)이 이끈 농민반란군의 무리를 가리킨다. 남경(南京)을 중심으로 일어나 국호를 태평천국(太平天國)이라고 하였으며, 1864년 섬멸될 때까지 14년간 존속하였다. 청의 지배에 항거하고 기독교의 평등사상 및 토지의 균등분배를 바탕으로 한 이상 국가를 세우고자 하였다.

니다. 나이를 많이 먹어서 장대한 마음이 이미 쇠하였습니다. 지난해 제가 그 집에 들러서 프랑스의 일에 관해 물었더니 그 사람이 세월이 오래 지나 알지 못한다며 답변을 사양하더군요. 우스운 일이지요."

4일

흐리고 바람 붊. 지진이 일어나 집이 모두 흔들렸다. 이 땅에는 항상 지진이 많은데 인가가 매번 무너지는 지경까지 간다. 그러므로 땅이 흔들릴 때에 방 안에 있는 사람은 달아나는 것이 상책이니, 거리가 꽉 막히고 곡성이 길에 가득하다. 도쿄에 바야흐로 지진학(地震學)을 설치 하여 그 이유를 연구하고 있다.

돌아갈 날짜를 7일로 정했다. 밤에 율시 한 수를 써서 진철보에게 보냈다.

5일

바람이 크게 불고 비가 흩뿌림. 일본 국왕에게 하직하러 가니 국왕 이 편복(便服)을 입고 맞이하였다. 편복은 동서양에서 평상시에 입는 옷이다. 외무성에서 조회의 회답이 왔다.

6일

바람이 붊. 공사 서승조가 작별하러 와서 정사와 나에게 주련(柱聯) 각 한 쌍씩을 증정하였다. 진(陳) 일사(逸士)가 나에게 시 두 수를 주었다.

우리나라 생도로 일본에 와 있는 자들의 식비와 잡비의 총계가 수만 냥인데, 흠차가 온 이래로 날마다 독촉이 심하여 잠자고 먹는 것이 모 두 편치 않았다. 수중에는 현재 동전 한 푼도 없고 가지고 온 노자는 모두 목공의 관리 하에 있어서 진즉에 깨끗하게 갚지 못하였다. 날마다 일 처리에 바쁘다가 오늘 추당 어른이 채주(債主: 빚을 준 사람)들을 모두 불러서 증표를 나누어 주고 조정에 돌아간 후 돈을 보내주기로 약속하였다. 여러 생도들을 불러들이려 하였는데 엄주흥과 유성준(兪性濬) 두 사람만 돌아가기로 하고 나머지는 모두 돌아가지 않겠다고 하였다.

7일

맑음. 오전 8시에 출발하였다. 여관 주인과 고지마 형제가 요코하마까지 따라와서 고별하였다. 생도는 엄(嚴)과 유(兪) 두 사람 외에는 한 사람도 보러 오지 않았다. 하오 3시에 상선(商船) 나고야마루(名護屋丸)에 올랐다. 4시에 닻을 올렸다. 고지마 형제는 해안으로 거슬러 올라갔는데 물결을 따라 눈길을 보내며 벼랑에 기대 머리를 들고 있다. 배가 달려 사람은 멀어지는데 우두커니 바라보며 돌아가지 않으니 아쉬워하며 차마 헤어지지 못하는 마음인 것이다. 참으로 정이 있는 사람들이다.

8일

비가 오기도 하고 눈이 오기도 함. 하오 7시에 고베에 도착해 하륙하였다. 전에 묵었던 니시무라키누 여관에 숙소를 정하였다.

9일

흐리기도 하고 화창하기도 함. 비와호(琵琶湖)를 보러 가려고 상오 6시에 윤차(輪車: 기차)를 타고 오사카에 갔다. 부백(府伯)에게 사람을 보내어 관원을 파견하여 호행할 것을 요청하였다. 부백이 어용괘 우라시마 다메스케(浦島爲助)를 보내 호행하게 하였다. 서경, 우지(宇治), 하치만(八幡), 오타니(大谷), 이나리(稻荷) 등지를 두루 유람하였다.

비와호에 도착했다. 호수는 남북이 20여 리, 동서가 8리이니 일본에서 제일 큰 호수이다. 호수의 모습이 비파와 닮아서 이름을 그렇게 지은 것이다. 물빛이 거울과 같고 산색이 비단 같아서 흉금이 시원해지고 안목이 환하게 트인다. 호숫가의 누각이 시원스러운데 다만 편액이 없고 고금 사람들의 시구 또한 없으니, 오가는 상인들이 짐을 내려놓고 돈을 세는 곳일 뿐이다. 바야흐로 호수의 물길을 트고 돌을 다듬어 둑을 쌓고자 하여 공장(工匠)들이 모두 모여 있고 역부들도 매우 많았다. 추당 어른이 웃으며 말했다.

"일본의 산천과 인물 가운데 이 호수만이 그래도 홀로 천기(天機)를 보존하고 있었는데 또 인간의 기교를 보태려 하니 매우 애석하군요."

우지에는 차를 많이 심고 하치만에는 대를 많이 심는다. 우지의 차와 하치만의 대나무는 모두 나라 안에 이름난 것들이다. 오타니에는 산을 뚫어 철도를 만들었는데 길이가 8정(町) 남짓 된다. 우리나라 도리(道里)로 계산하면 5리 남짓이 된다. 여기를 지날 때 기차에서 등불을 켜서 차 안을 밝게 비춘다. 이나리(稻荷)는 신의 이름인데 옛날 황자(皇子)가 죽어서 영험한 신이 된 것이다. 능히 화복을 조종할 수 있으므로 나라 안에서 집집마다 제사를 받드는데, 이곳이 그 본토인 것이다.

돌아오는 길에 서경을 유람하였다. 명산이 뒤에 있어 봉우리와 골짜기가 수려하고 광야가 앞에 있어 밭두둑이 비옥하다. 이곳은 진실로 왕도(王都)의 땅이다. 옛날 도쿠가와의 난에 궁궐이 불타버리고 다만 회랑(回廊)과 행각만 남아 있는데, 다 상점을 벌이고 물건을 팔고 있다. 서화 종류가 매우 많은데, 그 가운데 옛 성현의 소상이 있었다. 생긴 것이 짧고 작아서 마치 우리나라 등시(燈市)에 진열해 놓은 난장이와

같은데, 또한 모두들 그것을 사고판다. 처음에 봤을 때에는 몹시 해괴
하게 여기고 이렇게 말하였다.

"성현을 흠모하는 것은 진실로 하늘이 준 떳떳한 마음에서 똑같이
얻게 되는 것이다. 그러므로 비록 사당의 제사와 원(院)의 연향에서도
오히려 함부로 하거나 더럽히는 일이 있을까봐 두려워하여 사당에 들
어가서 공경함을 일으키고 원에 모여서 예를 익히니, 엄숙하고 맑은
생각과 사양하고 겸손한 마음이 애써 하려고 하지 않아도 저절로 생겨
나는 것이다. 이 나라 사람들은 유독 하늘이 내려준 떳떳한 이치 가운
데 있는 사람이 아니란 말인가?"

그러고 나서 다시 생각하였다.

"사람의 삶에서 임금보다 높은 것이 없고 아비보다 친한 것이 없는
데, 아비가 죽으면 살을 자르고 뼈를 팔며 임금의 초상을 시장에 걸어
놓고 값을 부르니 하늘의 이치가 끊어진 것이요 사람의 도리도 버려진
것이다. 성현을 높이고 사모하지 않는다고 꾸짖는 것 또한 잘못이 아니
겠는가?"

후원(後苑)에 이르니 전각이 하나 있고 궁문은 굳게 닫혀 있다. 호행
하던 이가 들어가겠다고 하자 문을 지키는 자가 시간이 지나서 들여보
낼 수 없다고 하였다. 대개 문을 열고 닫는 데에 기한이 있다. 이것이
궁문은 아닌데, 열고 닫는 기한이 이미 지난 것이다. 문안에는 반드시
시장이 늘어서 있으며 사시(巳時: 오전 9~11시)에 시장을 열며 신시(申
時: 오후 3~5시)에 빗장을 거는데, 이때는 이미 유각(酉刻: 오후 5~7시)이
었다.

날이 점차 어두워지는데 돌아갈 길은 멀어서 서둘러 유람하고 오사
카로 돌아왔다. 우라시마(浦島)는 하직하고 떠났다. 하오 7시에 고베에

도착했다. 오고간 거리가 6백여 리는 된다.

10일

비 옴. 주사(主事) 지운영(池運永)[50]이 만나러 왔다. 운영은 작년 가을 사진기계 구매 일 때문에 들어왔다가 병이 나서 돌아가지 못하고 있었는데, 약값과 식비를 갚을 방도가 없어서 바야흐로 곤경에 처해 있었다. 추당 어른이 표를 지급하여 빚을 갚아주고 함께 돌아가는 것을 허락하였다.

지방관이 일행을 맞아 오찬을 차려주었다. 어두울 때 비를 맞으며 세이류마루(靑龍丸)에 올랐다.

11일

상오 2시에 배가 출발하였다. 온종일 풍랑이 일었다.

12일

바람이 붊. 아카마가세키에 도착하여 닻을 내렸다가 한 시간쯤 지나 출발했다. 바람이 거세어 물결이 세차니 배가 마치 키를 까부는 것 같았다. 방 안에 굳게 누워서 하루 종일 음식을 먹지 않았다.

---

50 주사(主事) 지운영(池運永) : 조선 말기의 서화가. 1852~1935. 호는 설봉(雪峯)·백련(白蓮). 종두법을 도입한 지석영(池錫永)의 친형이다. 강위(姜瑋)의 문하에서 시문을 익혔다. 1882년 사진술의 습득을 위해 일본에 건너가 고베 근방에서 약 1년간 체류하고 1883년 귀국하여 마동(麻洞 : 현재의 종로3가와 4가 사이)에 사진관을 개업하였다. 1884년 통리군국사무아문의 주사가 되었다. 1886년 5월 김옥균암살밀지를 받고 일본으로 건너갔으나 사전에 계획이 발각되어 실패하였다.

13일

큰 비가 내림. 상오 1시에 나가사키(長崎)에 도착해서 날이 밝기를 기다려 하륙했다. 우에노야(上野屋)에 관사를 정했다. 박의병(朴義秉)이 만나러 와서 배를 같이 타고 귀국하겠다고 요청하였다. 이 사람은 운미 대감의 문인(門人)으로 언문주자(諺文鑄字)의 일로 작년 7월에 여기 왔다가 돌아가지 못하고 있었다.

나가사키의 물은 두 산의 사이로 흐르는데 수세가 평활하고 산의 모양이 구불구불하다. 배들이 오가는 요충지에 위치하여 우뚝하게 해문의 큰 진이 되었다. 산에 기대고 바다를 굽어보고 있으며 촌락이 수천여 호는 되는데 분칠한 용마루가 즐비하고 저자가 연이어 있다. 앵두꽃, 복사꽃, 철쭉 등 여러 꽃들이 흐드러지게 피었고 산전(山田)과 들밭에는 청록빛으로 그늘을 이루고 있다. 떠나올 때에 도쿄와 고베의 꽃은 아직 봉오리를 머금고 피어나지 않았는데 여기에 도착해 꽃이 핀 것을 보니 이 지역의 기후가 비교적 먼저 따뜻해지는 것 같다.

14일

흐림. 목재 대금 마련과 뽕나무 운반의 일로 체류하였다. 환국하지 않은 생도들의 식비는 스스로 해결하도록 할 것과 울릉도의 목재 값을 추징하여 독일의 은행에 지급할 것에 관한 두 건의 조회를 외무성에 보냈다. 중국 영사관(領事官) 채헌(蔡軒)이 만나러 왔다.

15일

맑음. 유성준과 함께 나가사키 뒷산에 올랐다. 산에 완상할 만한 기이한 바위와 아름다운 나무는 없었다. 다만 산간에 종종 대숲이 은은히 비치는 외딴 마을이 있어 자못 소쇄한 느낌이 있었다. 인천항에서 배에 올라 수만 리를 왕래하며 바람과 파도를 실컷 겪다가 이날 비로소 산에 오르니 비록 힘들긴 했지만 즐거웠다. 하오 4시에 독일 상선(商船)에 올랐다.

16일

바닷바람이 크게 불어 배가 뒤집힐 듯하였다. 물마루[水宗]를 간신히 지나 상오 11시에 부산포에 다다랐다. 여기부터는 드디어 우리나라의 경내이다. 의관이 옛 습속을 편히 여기고 초목도 기쁜 표정을 띠고 있다. 잠시 후 거룻배 두세 척이 가볍게 흔들리며 맞이하러 왔다. 깃발이 바람에 나부끼는데 곧 우리나라의 표지였다. 하륙하여 세관에서 쉬고 점심을 먹은 후 다시 배에 올랐다.

17일

맑음. 바람이 온화하고 날이 따뜻하였다. 날씨가 맑고 환하며 바다 빛이 맑고 깨끗하다. 배가 제주를 지나는데 달이 휘영청 밝고 바다 물결이 은빛으로 솟구친다. 사방을 둘러보니 끝이 없고 높은 바람이 솔솔 불어온다. 배 안을 서성이면서 "출렁이는 바다 물결 삼만 리, 밝은 달밤 지팡이 날려 높은 바람 타고 내려오네."[蕩漾海濤三萬里, 月明飛錫下天風.][51]라는 한 구절을 낭랑히 읊으니 마치 생학(笙鶴) 소리가 은은히 귓

---

51 "출렁이는 …… 내려오네."[蕩漾海濤三萬里, 月明飛錫下天風.] : 명(明) 왕수인(王守仁)의 시 〈범해(泛海)〉에 "밤 고요한데 바다물결 삼만 리 / 밝은 달밤 지팡이 날려 높은 바람 타고 내려오네."[夜靜海濤三萬里, 月明飛錫下天風.]라는 구절이 있다.

가에 맴도는 듯하여 거의 신선을 만날 수 있을 듯한 생각이 든다. 만약 진시황과 한 무제가 이러한 지경을 만났다면 필시 흔연히 옷을 걷고 발을 적시며 따라나섰을 것이다.

18일

흐리고 비가 흩뿌림. 하오 4시에 인천항에 정박했다. 화도(花島) 별장(別將)이 맞이하러 왔다. 감리소에서 편히 쉬었다.

19일

맑음. 일찌감치 어둠 속에서 서울로 나아가서 바로 외서에 들어가 잠시 쉬었다. 궐에서 오늘은 이미 늦었으니 내일 복명(復命)하라는 하교가 있었다. 그대로 사동(社洞)에 가서 유숙하였다.

20일

비 옴. 비를 맞으며 대궐에 나아가 숙배하였다. 흠차대신과 부대신, 종사관은 입시하라는 명이 있었다. 승지 서상조(徐相祖), 주서(注書) 박주현(朴周鉉)이 함께 서온돌(西溫突)[52]에 입시하였다. 연설(筵說)은 기록하지 않는다. 조금 뒤에 물러나왔다.

---

52 서온돌(西溫突) : 대궐 안 침전(寢殿)의 서쪽에 있던 방을 일컫는 말.

동사기속(東槎記俗)

혼인에 중매를 두고 예물을 보내는 예(禮)가 없다. 다만 남녀가 만나보는데, 마음에 들지 않으면 비록 부모의 명이라 해도 따르지 않는다. 사모하고 좋아하는 마음이 있으면 바로 혼인을 약속한다. 여자를 맞이해 문으로 들어오게 하고 친척과 벗들을 모아놓고 신부로 하여금 잔을 권하게 한다. 그대로 집에 살게 하는데, 조금이라도 마땅하지 않은 부분이 있으면 바로 내쫓아버린다. 개가하고 재취하는 것을 이상하게 여기지 않으므로 재가하면서 자녀를 데리고 가는 자도 있으니 비록 태정대신의 집안이라도 모두 이런 식으로 혼인을 한다. 할아비가 같은 사촌 남매 간에도 또한 장가들고 시집가니, 말하자면 추악하다.

태정대신 이하로 소민(小民)에 이르기까지 모두 가묘(家廟)에서 선조를 제사지내는 예(禮)가 없다. 다만 집 안에 신당(神堂) 하나를 두고서 아침마다 그 앞에 밥 한 숟가락이나 과자 등속을 차려두고 손바닥을 치고 머리를 조아리면 그만이다. 근래 개화한 이후로는 이러한 풍속을 행하는 자 또한 거의 남아있지 않다고 한다.

법률과 정령(政令)은 모두 프랑스의 규칙을 따랐다. 비록 공신 귀족이나 권세가라 해도 법을 어기는 자가 드물다. 일찍이 철도를 개조하여 사람이 그 길로 다니는 것을 금하였을 때 좌대신이 탄 차가 실수로 그 길을 침범했다가 순사에게 잡혀서 벌금 백여 원을 문 일도 있었다.

무릇 백성이 죄를 지어 조사를 받게 되면 의원(議員)이 있고 재판(裁判)이 있어 형벌로 신문하지 않고 쌍방을 마주 앉히고 그 변설을 다하게 한다. 비록 죄가 있는 자라도 허물을 그럴듯한 말로 치장하고 말로 정미하게 분변할 수 있다면 빠져나올 수 있다. 만약 본인이 말로 죄를 면하기를 도모할 수 없다면 정부가 두고 있는 대언관(代言官)이 죄 지은 자를 대신하여 마디마디 변론하여 처벌을 경감하는 데 힘을 쓴다. 비록 죽을죄를 지은 자라고 해도 사형에 처하는 일은 드물다. 다만 징역이 있는데, 유기(有期)와 무기(無期)의 역이 있다. 유기징역은 12년을 한정하여 기한을 정해 죄수복을 입히고 노역에 진력하게 하는 것이다.

죄 지은 자라도 곤장을 치거나 죽이는 법은 없고 다만 징역을 살게 하여 죄수복을 입히고 국역(國役)에 종사시킨다. 날마다 10전(錢)【우리 돈으로 1냥】을 주는데 10전 내에서 하루 동안의 식비를 제하고 그 나머지는 관에 납부한다. 관에서 그것을 받아 하나하나 장부에 기록해두고 혹 빚을 내주어 이자를 불리기도 하는데, 징역 사는 자가 형기가 다 차서 역을 마칠 때면 낱낱이 내어주며 하나도 빼앗아가지 않는다. 역을 마친 자가 만약 다시 죄를 짓게 되면 죽을죄를 용서하지 않는 것과 똑같이 처벌하여 무기도형(無期徒刑)이라고 일컫는데, 종신토록 징역을 살며 남은 돈은 그가 원하는 바에 따라 그의 가속이나 친척에게 나누어

준다.

국내에서 매년 사용하는 것은 위로 임금의 봉록에서 외국채의 이자에 이르기까지【원금은 논하지 않는다.】 총계가 7,560만 6,059원이다. 매년 들어오는 것이 항상 부족한 폐단이 있어서 지폐를 만들어 나라의 지출을 보충한다.

국내 미곡의 소출은 히젠(肥前)과 히고(肥後) 두 주가 가장 많고 나머지는 모두 척박하다. 그러므로 세금을 거두고 녹봉을 지급할 때 모두 돈으로써 한다. 세금에는 상정가(常定價)가 있는데 만약 흉년이 들어 곡가가 등귀하면 수확한 것으로 납부할 수 있고 풍년이 들어 곡가가 떨어지면 부족분을 빌려서 내야 한다. 완납하지 못한 자는 관에서 가산을 몰수하여 해마다 지세를 징수한다. 이것을 신대한(身代限)이라고 하는데 그 몸이 죽을 때까지를 완납의 기한으로 삼는다는 뜻이다. 비록 빈 대지와 경작하지 않는 땅이나 재난이 심한 흉년에 파종하지 못한 해라고 해도 또한 모두 세금을 걷으며 가감하는 일이 없다. 근래 개화한 이래 빈궁한 백성들이라 해도 사치하는 습관이 불어나서 거금을 쓰곤 하는데, 해마다 풍년이 들어 곡가가 뛰지 않고 민생이 곤궁하여 신대한을 범하는 자가 열 가운데 두셋이라고 한다.

국내의 군함 35척 가운데 견고하고 완전한 것은 16척에 지나지 않으며 나머지는 모두 노후하여 쓸 수가 없다. 상선은 300백 척이다. 요코스카에서 바야흐로 군함을 만들고 있다고 한다.

해군과 육군의 상비병은 37,823인이고 예비병은 42,606인이며 후비병은 16,080인이다. 민군(民軍)은 885,099인이다. 단, 해군의 훈련 상태는 육군에 미치지 못한다.

각 학교의 교사 된 자는 매달 여러 생도를 시험하는데 원점(圓點)의 많고 적음으로 평가를 하니, 우리나라 계획(計劃)[53]의 법과 마찬가지이다. 연한이 되어 전(殿: 하등)을 받은 자는 1년을 더 해야 한다. 학업을 마치면 졸업장을 주는데, 생도들은 졸업장을 받은 날부터 술을 마시고 즐겁게 논다. 조가(朝家)에서 즉시 녹적(祿籍)에 올리고 배운 것을 행하게 한다.

가고시마(鹿兒島)의 속지(屬地)에 조선촌(朝鮮村)이 있다. 옛날 만력(萬曆) 임진년에 잡혀간 우리나라 사람들이 이곳에 살기 시작하였는데 지금은 수 천여 호가 되었다. 서로서로 혼인하며 일본인에게 시집가거나 장가들지 않아서 지금까지도 그 풍속을 바꾸지 않고 있다. 일본인이 말하기를, "가고시마 사람은 언어와 의복은 비록 일본인이지만 그 마음은 끝내 한인(韓人)입니다."라고 하였다. 그 설이 믿을 만하지는 않다. 히젠주에도 한인 한 사람이 살았는데 그 후예가 불어나서 지금은 50여 호가 되었다고 한다.

이 땅에는 항상 큰 바람이 많아서 화재가 곳곳에서 일어난다. 만약 한 집에 불이 나면 길가의 종을 급히 치는데, 연이어 차례대로 쳐서

---

53 계획(計劃) : 관각(館閣) 유생의 평소의 성적을 계산하여 등급을 매기는 것을 말한다.

잠깐 사이에 소리가 사방에 퍼진다. 농사도 짓지 않고 장사도 하지 않는 무뢰배들이 스스로 단체[社] 하나를 만들어서 격검(擊劍)과 용맹을 숭상하는 것을 업으로 삼았는데 이것이 이른바 완고당(頑固黨)이다. 혹 남을 위해 원수를 갚아주고 혹 사람을 어려움에서 구해주니 마치 옛날의 유협(游俠: 협객)과 같다. 그 무리를 이끌고서 불난 집에 이르러 가산의 많고 적음으로 값을 정해 불을 꺼준다. 먼저 지붕 위에 큰 물통을 두고 우두머리 되는 자가 깃발을 들고 그 곁에 서서 여러 사람에게 호령하여 일제히 힘을 쓰게 한다. 만약 불이 맹렬하여 연기가 불어나서 그 형세가 다급해지면 물통 안에 들어가서 깃발을 휘두르며 용기를 자랑한다. 만약 힘이 부쳐서 깃발이 쓰러지게 되면 비록 불이 꺼졌더라도 보상을 받지 못한다.

모든 상인들은 대소를 막론하고 나라에서 관할하며 모두 세칙(稅則)이 있다. 반드시 인지(印紙)를 붙인 뒤에야 물건을 팔 수 있으며, 만약 증명하는 표가 없으면 순사가 잡아가서 벌금을 내게 하는데 차등이 있다.

요시엔(吉園)과 야나기바시(柳橋)는 기생을 모아둔 곳이다. 기생에는 색기(色妓)와 예기(藝妓)의 구별이 있다. 색기는 문 앞에서 사람을 맞아들여 창부 행세를 하도록 내버려두는데, 날을 계산하여 세금을 거두어 공용(公用)을 보충한다. 예기가 남과 사통하다가 순사에게 붙잡히게 되면 벌금 4, 50원을 내어야 하며, 세 차례 현장에서 적발되면 징역을 살게 된다.

모여서 술 마시고 밤에 이야기 나누는 것은 오후 10시를 넘겨서는 안 된다. 만약 시간을 넘기게 되면 또한 순사에게 구금되어 벌금을 내어야 풀려난다.

주택을 다스리는 데에 정묘함을 지극히 하여 나무 하나 돌 하나까지 모두 자세히 살펴 교묘하게 만드는 과정을 거친다. 다만 방 안에 반드시 깎지도 다듬지도 않아 굽어져 휘어서 예스럽고 기이하면서 격식에 맞지 않는 기둥 하나가 있는데, 여러 집들을 둘러보니 집집마다 이러한 것이 있다. 그곳 사람에게 물어보니 운치가 뛰어나기 때문이라고 한다.

은행을 설치한 뒤로 비록 공경과 권세가, 부상(富商)과 대고(大賈)라 해도 집안에 재물을 쌓아두지 않고 모두 은행에 맡겨 두고 필요한 만큼 찾아 쓴다. 그러므로 집에 쌓아둔 집물들은 옷가지와 그릇에 지나지 않을 뿐이며 그 나머지는 텅 비어 있다. 그러므로 비록 화재가 있더라도 다만 집만 태울 뿐 가산에는 미치지 않는다.

고베와 동경 두 곳에서 마시는 물은 모두 수백 리 바깥의 맛좋은 샘물을 끌어온 것이다. 홈통(수도관)을 설치해 물을 끌어와서 물이 땅 속을 통해 흐르게 하여 곳곳에 기계를 두고 집집마다 우물을 두어 물을 대어 마르지 않게 한다. 그러므로 다른 곳 사람들이 이곳 사람들을 가리켜 '수돗물 마시는 사람'이라고 한다.

동사만영(東槎漫詠)

인천항에서 뱃길로 마산포로 가려다가 바람에 막혀 나아가지 못하여, 밤에 물결 속에 누워 율시 한 수를 짓다

강호를 방랑하던 베옷 입은 선비	放浪江湖一布衣
태평한 때 스스로 한가히 지내겠다 했는데	明時自謂任閑機
시국 형세 보아하니 위험한 일 많아	試看局勢多危險
국교(國交)를 말하여 시비를 가리고자 하네.	欲說邦交辨是非
일본 땅 하늘 낮고 물결이 아득한데	日域天低波杳杳
세모(歲暮)의 사신 뗏목엔 눈 펄펄 내리네.	星槎歲暮雪霏霏
부끄럽구나, 종사관 맡았으나 재주 없으니	愧吾從事無材力
공밥 먹는다고 시인들의 기롱 받을까 두렵네.	恐被詩人素食譏

선자(仙子) 앞 바다의 배 안에서

바람 연기 아득한 해국(海國)에 배 띄우고	風煙海國泛孤舟
표연(飄然)한 신세 되어 물결에 앉았구나.	身世飄然坐浪頭
명예와 이익 위해 벼슬길 오른 것 아니요,	非取榮途名與利
다만 왕사(王事)로 인해 쉴 겨를이 없다네.	只緣王事不遑休

남양(南陽) 와룡관(臥龍館)에서 느낌이 있어

선생이 옛적 와룡산에 누웠을 제	先生昔駐臥龍山
매화 절로 피고 학이 절로 …	梅自垂花鶴自□
세 번 찾아와 물고기와 물처럼 같이 가까워지지 않았더라면	
	三顧如非魚水密
백 년 평생 한가로이 초가 살이 했을 테지.	百年應得草廬閒
밭 갈고 책 읽던 융중(隆中)[54] 어느 곳에 있는가.	隆中耕讀知何處
해외로 말 달려가는 길에 또 여기에 있구나.	海外驅馳又此間
말 멈추고 그리워하나 그 사람 보이지 않으니	停馬懷人人不見
누가 장차 한(漢) 황실을 간난에서 건지랴.	誰將漢祚濟維艱

오사카에 도착하여 조폐국(造幣局), 제기소(製器所), 공작소(工作所), 단련소(鍛鍊所) 등을 보고 돌아오는 길에 절구 두 수를 짓다

돈 만들기 그릇 제조 그 기세 웅장하니	造錢製器勢全雄
묘한 법도와 새로운 방식 외국에서 배워왔네.	玅法新方外國通
조롱박 모양 본떠 그리는 것[55] 좋지 않은 것 아니건만	
	依樣葫蘆非不美
민생은 어찌하여 풍년 든 것 원망하나.	民生其奈怨年豐

---

54 융중(隆中) : 중국 호북성(湖北省) 양양현(襄陽縣) 서쪽에 있던 산 이름으로, 제갈량이 출사하기 전에 은거했던 곳이다.

55 조롱박 모양 본떠 그리는 것 : 본래 있던 것을 그대로 모방하기만 하여 참신함이 없다는 뜻이다. 보통 창의성 없이 투식에 따라 글을 짓는 것을 빗댄 말이다. 여기서는 일본이 서양의 기술을 도입한 것을 가리킨다.

【일본의 전세(田稅)에는 상정가(常定價)가 있는데, 만약 흉년이 들어 곡가가 등귀하면 완납할 수 있지만 풍년이 들면 빌려와도 내기에 부족하다.】

자손 위한 계책으로 만리장성 쌓았으니	子孫之計築長城
예부터 어리석기 몇 명의 영(嬴: 진시황) 있었던가.	從古狂愚有幾嬴
문덕(文德)을 닦지 못하고 무예만 숭상하니	文德未修唯尙武
무기 만듦이 오히려 녹여버림만 못하리라.	鑄兵猶不及銷兵

상원(上元: 정월대보름) 밤에 달을 보며 나라를 생각하다

타국에 나그네 되니 흥취도 모두 사라져	爲客殊方興盡消
객창에서 헛되이 대보름 밤 보내네.	羈窓虛度上元宵
어리석음 끝내 팔 수도 없으니 값을 어찌 매기랴.	癡終難賣錢何較
귀머거리 고칠 생각 없으니 술도 부르지 않네.	聾欲無治酒不招
역상(曆象)은 도리어 풍토 따라 다른데	曆象還從風土異

【일본은 서력을 사용한 뒤로 오늘밤을 상원이라고 하지 않는다. 또 매기등을 켜게 된 이후 야금(夜禁)이 크게 해이해져서 등을 사르고 답교하지 않는 날이 없고 술 마시고 즐기며 놀지 않는 날이 없다. 그러니 다시 가절(佳節)에 응하는 풍속이 없다.】

고향 산은 또한 바다 물결에 가로막혀 멀구나.	家山也隔海波遙
누대에 올라 우러러 보는 저 달	登樓仰見中天月
응당 경성(京城)의 24교(橋)[56] 비추겠구나.	應照京城廿四橋

---

56 24교(橋) : 중국 강소성(江蘇省) 양주(揚州) 강도현(江都縣) 서교(西郊)에 있던 24개의 교량(橋梁)을 가리키는 말로, 당대(唐代)의 명승지였다. 두목(杜牧)의 〈기양주한작판관 (寄揚州韓綽判官)〉에 "24교의 달 밝은 밤, 어느 곳에서 미인이 통소를 부는고.'[二十四橋

왕령(王靈)에 기대어 배 몰고 와서 憑仗王靈駕海船

쓸쓸한 여관에서 새해를 맞이하네. 蕭條旅館迓新年

산천엔 경계 있어 다른 나라로 나뉘지만 山川有限分殊域

일월엔 사사로움 없어 하늘을 함께 하네. 日月無私共一天

멀리 떠나온 이곳에 외로운 부절 서늘한데 此地遠遊孤節冷

홀로 앉은 오늘밤 파리한 등불이 일렁이네. 今宵獨坐瘦燈懸

고국의 매화는 응당 피었을 테지. 知應故國梅花發

그리운 마음에 뒤척이며 잠 못 이루네. 輾轉相思客不眠

고지마(小島)에게 써주다

부상(扶桑)에 봄 들어 눈 모두 녹았는데 春入榑桑雪盡浮

바다 물결은 한결같이 하늘에 닿아 아득하네. 海波一樣接天悠

신선 인연 있는 서생도(徐生島)[57]엔 구름이 덮여있고

仙緣雲羃徐生島

사신 부절 맞은 정자주(鄭子洲)엔 서리가 침노하네.

使節霜侵鄭子洲

동토(東土)에 수레 세우고 옛 자취 찾고 東土停驂尋舊迹

明月夜, 玉人何處敎吹簫.]"라고 한 구절이 있다. 여기서는 서울의 보름날 밤 풍경을 24교
의 달밤에 빗댄 것이다.

57 서생도(徐生島) : 서불(徐市)의 섬이란 뜻으로, 일본을 가리킨다. 제(齊)나라 사람 서
불이 진시황에게 글을 올려 봉래(蓬萊), 방장(方丈), 영주(瀛州)에 신선이 살고 있다고
하자 진시황이 그에게 동남동녀(童男童女) 수천 명을 주어 신선을 찾으러 가게 하였다.
서불은 결국 동쪽으로 떠나서 돌아오지 않았다. 이 때문에 서불이 일본에 들어갔다는 전
설이 생겼다.

서풍에 닻줄 푸니 이번 유람 장대하다.   西風解纜壯今游

어여뻐라 두 나라의 다리 위에 뜬 달   最憐兩國橋頭月

사람 마음 두루 비춰 밤에 누대에 가득하네.   遍照人心夜滿樓

책상머리의 소매(小梅)가 꽃을 피운 것을 보고 느낌이 있어

노동(盧仝)은 임 그리던 밤 꿈에서 깨었고[58]   盧仝夢覺相思夜

공부(工部: 두보)는 문득 이때가 떠올라 시를 지었네.[59]

                               工部詩成忽憶時

한 가지를 잡으니 봄빛 좋으니   堪把一枝春色好

창가의 미인이 만나잔 약속 지켰네.   美人窓下踐佳期

【위는 나라를 그리워하는 것이다.】

화정선생(和靖先生)[60] 아직 돌아오지 않았는데   和靖先生未返家

서호(西湖)의 성긴 그림자 제멋대로 빗겨있네.   西湖疏影任橫斜

편지 와서 홀연 창 앞 소식 전하니   書來忽報窓前信

---

58 노동(盧仝)은 …… 깨었고 : 당나라 시인 노동의 시 〈유소사(有所思)〉에서 "꿈속에서 취하여 무산의 구름에 누웠다가 / 깨어나 눈물방울 상강에 떨구네."[夢中醉臥巫山雲, 覺來淚滴湘江水], "밤 내내 그리워하니 매화가 피어나 / 문득 창가에 나타나니 그대인가 하노라."[相思一夜梅花發, 忽到窓前疑是君.]라고 한 부분을 인용한 표현이다. 『전당시(全唐詩)』권388.

59 공부(工部: 두보)는 …… 지었네 : 두보의 시 〈입춘(立春)〉에 "봄날 봄 소반에 생채가 가느다란데, 문득 양경(兩京)에 매화 피던 때 생각나네."[春日春盤細生菜, 忽憶兩京梅發時.]라고 한 구절을 인용한 표현이다. 『전당시(全唐詩)』권299.

60 화정선생(和靖先生): 북송(北宋) 때의 은사(隱士) 임포(林逋). 967(968)~1028. 서호(西湖)의 고산(孤山)에서 매화를 심고 학을 키우며 살았으므로 당시에 '매처학자(梅妻鶴子)'라고 불렸다. 서화와 시에 능했는데 특히 매화시가 유명하다.

곧 산처(山妻)이지 꽃 소식은 아니라네.　　　　便是山妻不是花

【위는 집을 생각하는 것이다.】

가엾구나, 너 매화 사람 잘못 만나서　　　　　憐爾梅花不遇人
찡그린 얼굴과 웃는 꽃이 절로 이웃 되었네.　　人嚬花笑自爲隣
찡그리고 웃어도 서로 상할 것 없음을 알겠으니　從知嚬笑無相害
끝내는 해마다 봄을 함께하리라.　　　　　　　畢竟年年共一春

【위는 스스로 근심을 푼 것이다.】

참찬 진철보(陳哲甫)의 시에 차운하여

산 원숭이 바다 악어 성질이 교만하니　　　　山猴海鰐性驕騫
도리로 길들이기 어려움은 예부터 그랬다오.　　人理難馴自古然
내흡(來歙)이 화친한 것 본의가 아니었으니　　來歙和親非本意
완악한 묘적 토벌 어느 해에 다시 할꼬.[61]　　頑苗奉討復何年
섶에 누워 항상 등잔 앞의 칼 어루만지고　　　臥薪常撫燈前劍
바위 보며 달 아래서 활시위 당길 일 생각하네.　見石思張月下弦
남아로 태어나 모름지기 노력할 것은　　　　生世男兒須努力
안민(安民)과 보국(報國) 이것과 관련되네.　　安民報國此賚緣

---

61 내흡(來歙)이 …… 할꼬 : 내흡은 전한(前漢) 말·후한(後漢) 초의 무장(武將)이다. 광
무제 즉위 초에 농서(隴西)의 외효(隗囂)와 촉(蜀)의 공손술(公孫述)의 두 저항세력이 남
아 있었다. 내흡이 외효를 설득하여 동한에 귀의하도록 하였다. 나중에 외효가 한을 배반
하자 내흡이 군대를 이끌고 출정하여 외효를 격파하고 농서를 평정하였다. 그 뒤 촉의
공손술을 치러 갔다가 공손술이 보낸 자객에게 피살되었다. 여기서는 일본과의 외교가
마지못한 것임을 내흡이 외효와 화친한 것에 빗댄 것이다.

봄날 사신 뗏목을 부상의 영역에 띄우니   星槎春泛榑桑域

바다 위 외로운 종적에 마음이 아득하다.   海上孤蹤意渺然

담자(郯子)가 마음 다해 수레 덮개 기울이던 날이요,[62]

    郯子輸心傾蓋日

종군(終軍)이 뜻을 지녀 수(繻)를 버렸던 나이로다.[63]

    終軍齎志棄繻年

산하는 바둑판처럼 가로 세로로 얽힌 형국   山河棊錯縱橫局

세월은 활시위마냥 팽팽히도 걸려 있네.   歲月弓調緩急弦

아양(峨洋)[64] 한 곡 연주하니 들어보시게.   試聽峨洋彈一曲

우연히 만난 것 또한 이 생의 인연이라.   萍逢亦係此生緣

---

62 담자(郯子)가 …… 날이요 : 『공자가어(孔子家語)』 치사(致思)에 "공자가 담(郯)에 가다가 길에서 정자(程子)를 만나 수레 덮개를 기울이고 종일 이야기를 나누고는 매우 가까워졌다.[孔子之郯, 遭程子於塗, 傾蓋而語終日, 甚相親.]고 하였다. 담자(郯子)는 담나라의 임금으로, 『좌전(左傳)』 소공(昭公) 17년에 공자가 담자에게 관제(官制)에 대해 물은 일이 나온다.

63 종군(終軍)이 …… 나이로다 : 종군은 한나라 때 제남(濟南) 사람이다. 종군이 박사(博士)가 되어 관문을 지날 때 관리(關吏)가 수(繻 : 신표)를 주면서 나중에 나올 때 다시 맞춰보는 것이라고 하였다. 그러자 종군이 "대장부가 서쪽으로 나왔으니 끝내 다시 돌려줄 일은 없소."라고 하고는 수를 버리고 갔다. 종군이 알자(謁者)가 되어 군국(郡國)에 사행을 가게 되어 부절을 앞세워 동쪽으로 관문을 나오는데 관리가 알아보고서 "이 사자는 전에 수를 버렸던 서생이다."라고 하였다. 『한서(漢書)』「종군전(終軍傳)」에 나온다. 진철보를 젊은 나이에 뜻을 세운 종군에 빗댄 것이다.

64 아양(峨洋) : '峨峨洋洋'의 준말로, 악기소리를 형용한 것이다. 춘추시대 백아(伯牙)는 거문고를 잘 탔는데, 그의 벗 종자기(鍾子期)만이 그 소리를 제대로 감상하였다. 그리하여 백아가 고산(高山)에 뜻을 두고 연주를 하면 "높고 높아 태산 같구나!"[峨峨兮若泰山]라 하였고 유수(流水)에 뜻을 두고 연주하면 "넘실넘실하여 강물 같구나!"[洋洋兮若江河]라고 하였다고 한다. 아양(峨洋)은 이 고사에서 유래한 표현으로, 지음(知音)을 가리킨다.

밤에 앉아 있으니 잠은 오지 않고 나그네 회포 쓸쓸하여 붓을 달려 율시 두 수를 써서 진철보에게 부치다

큰 바다 만 리 고국은 아득한데	環瀛萬里故園賒
여관의 꽃이 홀로 쓸쓸한 등 마주하고 있네.	獨對寒燈旅館花
배 안이 모두 적국[65]이란 말 비로소 알겠으니	始信舟中皆敵國
탑상 밖에 용납된 자 몇 사람이나 되겠나.	還容榻外幾人家
어룡 물결 고요하니 봄바람이 불어오고	魚龍波靜春風至
군마 먼지 잦아드니 밤비가 많구나.	戎馬塵消夜雨多
단지 원안(袁安)의 절로 흐르는 눈물[66] 있어	只有袁安自然涕
남은 흔적 번갈아 베갯머리를 적시네.	餘痕交濕枕邊斜
창해에 기륜선을 띄우고 나서부터	自從滄海汽輪浮
폭우와 질풍이 그친 적이 없었네.	蜓雨盲風未迄休
사람과 귀신이 무슨 마음으로 세계를 같이 했나.	人鬼何心同世界
산하에 춘추(春秋)를 읽는 곳이 없구나.	山河無地讀春秋
은사(殷師)의 고국이 남은 풍속 징험하니	殷師故國徵遺俗
한사(韓使)는 타국에서 원유(遠游)를 노래하네.	韓使殊方賦遠游

---

65 배 안이 모두 적국 : 『사기(史記)』 「손자·오기열전(孫子吳起列傳)」에 "(위(魏)의) 무후 (武侯)가 서하(西河)에 배를 띄워 내려가다가 중류에서 오기(吳起)를 돌아보고 말하였다. '아름답구나, 산하의 험고함이여. 이것이 위나라의 보배로다!'라고 하니 오기가 말하길, '덕에 있지 험함에 있지 않습니다. (…) 임금께서 덕을 닦지 않으시면 배 안의 사람이 모두 적국입니다."라고 하였다는 고사가 나온다.

66 원안(袁安)의 절로 흐르는 눈물 : 원안(袁安)은 후한(後漢) 여양(汝陽) 사람으로 자는 소공(邵公)이다. 화제(和帝) 때에 천자가 유약하여 외척이 천단하였는데, 원안이 이를 근 심하여 조회에서 임금을 뵐 때나 공경들과 국사를 논할 때에 탄식하며 눈물을 흘리지 않을 때가 없었다고 한다. 『후한서(後漢書)』 「원안전(袁安傳)」에 나온다.

| 마음속엔 이런저런 고민 많지만 | 意內商量多少事 |
| 한밤중에 말 않고 다만 누대에 기대었네. | 中宵不語獨依樓 |

부채에 율시 한 수를 써서 고지마의 요청에 응하다

상봉하여 일산 기울이던 석목(析木)의 물가[67]	傾蓋逢迎析木瀕
꾸밈없는 그대의 온아함이 아낄 만하네	愛君儒雅出於眞
행장이 흐르는 물 같아 좋은 물건 없으니	裝如流水無長物
부채로 맑은 바람 끌어와 벗에게 부치네.	扇引淸風寄故人
대 같은 마음 변치 말아 사귄 정 오래 품고	竹心不改交情久
시 쓴 종이 마주하니 꿈에서 자주 보리라.	紙面相看夢想頻
헤어진 뒤 창해가 아득하다 탄식 마오.	別後休嘆滄海闊
하늘 끝이라도 나란히 이웃 될 수 있다네.	天涯亦可比爲隣

**하루는 시사신문(時事新聞)[68]을 보니 없는 일을 지어내어 신문지상
에 과장해서 떠벌려 놓았다. 추당 어른이 절구 세 수를 읊어 뜻을
보이셔서 내가 화답하여 해명하다**

---

67 석목(析木)의 물가 : 석목진(析木津). 석목(析木)은 성차(星次)의 이름으로, 기(箕)와
두(斗) 사이의 분야를 가리킨다. 중국에서 정동쪽 인방(寅方), 즉 옛 연(燕) 땅인 유주(幽
州)에 해당한다. 중국의 동쪽 지역을 가리키므로 요동 지역이나 조선을 의미하기도 하며,
더 동쪽에 있는 일본을 가리키는 말로 사용하기도 한다.

68 시사신문(時事新聞) : 1882년 후쿠자와 유키치가 창간한 신문인 《지지신보(時事新報)》
를 가리킨다. 당시 일본의 각 신문에서 조선의 정사 서상우가 국랑(菊娘)이라는 일본 여인
에게 시를 준 일에 대해 보도하였는데, 《지지신보》 3월 17일자 기사 「朝鮮正使の詩」도
그 중 하나이다. 이효정(2009), 「1884년 조선 사절단의 메이지 일본 체험」, 『고전문학연구』
제35집, 한국고전문학회, 497면 참조.

동쪽으로 온 사절 조금의 하자도 없었는데 　　東來使節寸瑕無
시사전문(時事傳聞)의 말이 크게 잘못되었네. 　　時事傳聞語太殊
속마음 백옥 같음을 다만 믿노니 　　　　　　只信中心如白玉
파리와 새가 저 혼자 떠드는 것 관계치 마오. 　不關蠅鳥自喧呼

원운(原韻)을 붙임

서(書)를 다 믿는다면 없음만 못하다고 누가 그랬던가.[69]

　　　　　　　　　　　　　　　　　　信書誰謂不如無
종이 한 장 신문이 곳곳마다 다르네. 　　　　一紙新聞處處殊
문자가 모두 돈 밝히는 벽[錢癖]을 따라 일어나니 文字都從錢癖起
자허(子虛)와 오유(烏有)[70]를 익숙히 부르는구나. 　子虛烏有慣招呼

이로하(伊呂波)[71] 글자 아는 이 없으니 　　　伊呂波文識者無
행간에 감춰진 뜻 보통 글과 다르구나. 　　　行間字裏與常殊
칡과 등이 뒤얽힌 마계, 비웃을 만하도다. 　　堪嗤藤葛橫魔界
바람이 불면 비 또한 내리는 것에 불과하구나. 不過風呼雨亦呼

---

69 서(書)를 …… 그랬던가 : 『맹자(孟子)』 진심하(盡心下)에서 "『서경(書經)』을 모두 믿는
다면 『서경』이 없음만 못하다. 나는 무성(武成)에서 한두 책만을 취할 뿐이다."[盡信書則
不如無書. 吾於武成, 取二三策而已矣.]라고 하였다.

70 자허(子虛)와 오유(烏有) : 허구라는 뜻이다. 자허와 오유는 사마상여(司馬相如)의
〈자허부(子虛賦)〉에 나오는 가공의 인물이다. 자허는 '빈말', 오유는 '무엇이 있느냐'로
풀이할 수 있다.

71 이로하(伊呂波) : 일본의 가나문자(仮名文字)를 가리킨다. 승려 구카이(空海, 774~835)
가 히라가나(平仮名) 47자(字)로 이려파가(伊呂波歌)를 지었다고 한다. 47자의 첫 세 글자
'いろは(이로하)'를 따서 일본 문자를 가리키는 말로 사용하였다.

東槎漫錄

甲申十月十七日

夜凶逆金玉均、朴泳孝、洪英植、徐光範、徐載弼等挾日兵作亂, 驚動乘輿, 屠殺宰輔, 謀危宗社。禍將不測, 中國駐防諸將吳兆有、袁世凱、張光前等率兵入宮, 逐出倭兵, 奉還大駕, 亂克戡定。而英植爲亂軍所誅, 其餘四逆混於倭兵逸入其國。

二十七日

傳曰: "參議交涉事務徐相雨禮曹參判除授, 全權大臣差下, 協辦穆麟德兵曹參判除授, 副大臣差下, 前往日本, 商辦事宜。使之不日登程。"

十一月初一日

交涉衙門草記: "幼學朴戴陽全權大臣從事官差下, 使之付軍職事。" 傳曰允。當日兵批付司勇。

初五日

交涉衙門草記: "主事鄭憲時陞差參議, 其代司勇朴戴陽差下, 令該曹口傳下批事。" 傳曰允。

初七日

離京出敦義門外, 雨雪紛紛。冒雪行到麻浦津。左營兵房白南益率
兵駐粢津頭, 以病改差, 以沈宜弘代之, 姑未赴陣。雪止風作。泥濘滑
滑, 艱抵富平。梧柳洞三十里止宿。夜穆麟德自仁川上來, 亦抵此留
宿。將入京止一日, 還到仁川同發云。

初八日

晴。朝炊發行, 抵濟物浦。館于監理所, 始投刺于督辦。時督辦趙秉鎬
以譚辦事, 與參議高永喜、主事李種元來此滯留。本倅族叔齊諴氏、監
理洪令淳學來見。是日泰西各國公使來晤督辦所。向晚竹添來見。督
辦言再明日將進京, 見大臣談辦云。夜微雪。

初九日

晴。申時量自衙門抵書於上使大人, 使之卽向南陽 馬山浦, 轉進旅
順口, 賃船駛往東京。穆公自京卽往南陽等候云。當夜秋堂丈從旱路
向南陽去, 余與通事一人、驅從一人、仁川將校一人領行具, 亥時登
船。船敝風逆, 竟止未發。夜臥浪泊, 口占一律。【詩現下】

初十日

晴。換船。鎮日南風, 放船無由。戌時量始得西風, 順風張帆。終夜
行船, 至八眉島外仙子前洋, 留碇以待天明。雪撲蓬窓, 頭髮爲白, 氷
生床褥, 肌膚皆靑。舟人進飯, 蟲糲鹽水, 不堪下咽。雖在天山雪窖, 恐
不過此。臥占一絕。【詩現下】

十一日

晴。早炊行船。天晴海闊, 水色澄明。島嶼兩兩對峙, 帆檣在在出

沒。蒿師指兩山之間波濤杳冥處曰: "彼乃馬山浦。而其海上島靑, 島上烟白者非島也, 乃淸國火輪船云。"微風無力, 波伏不興, 督蒿工搖櫓行舟, 申時抵馬山浦。秋堂丈先到, 舍于村廬, 方苦待余至。一行團聚, 覺豁然有喜。 但穆公尙不來到。 自濟物至馬山, 沿海形勝無踰於濟物。山勢隱伏, 可以遙望, 水道縈回, 可以藏舟, 無藪澤之險, 便於檥船。京城偏近, 朝啓夕達。此在昇平時, 猶爲物貨都會之處, 若値戰塗縱橫, 首先必爭, 恐不在他。國家海防之設, 苦其晩也。

十二日
朝雪夕陽。夜多風。淸國欽差吳大徵、副使續昌船來泊馬山浦。

十三日
晴。夜左揆、兵判兩札來到云: "日人將入京, 駐尾洞 金輔國家。各國公使亦皆上京, 穆公不可容易啓發。而全權一行, 想難久駐馬浦, 不如移住于本邑。"

十四日
晴。入南陽邑, 館于臥龍館邊下吏黃來源家。蓋邑與臥龍躬耕處同名, 故名館以臥龍也。余見而有感, 仍賦一律。【詩見下】主倅梁弼煥出見。是日吳欽差率兵丁三百人, 亦止宿於此。

十五日
朝雪午晴。塘馬便, 付書於徐兄陽伯。

十六日
陰。兵判書來到云: "中、日各派大使, 來此商辦, 穆公 日行早晚無

定約." 本倅來見。連日擾劇, 未嘗閑話, 是日始得燕接。叩其氏族, 乃
前營將柱石之子。柱石於萬東廟毀撤時, 以淸州營將作詩曰: "萬東廟
下夕陽時, 杜宇聲聲古木悲。茅屋無人徵故事, 桂林何處讀遺詞。有生
天地難逃義, 寧死男兒不顧私。左鎭將軍投綏起, 西風淚落錦江湄。"
乃投印大歸。昔有一友人爲余誦其詩傳其事。余傾聞而艷稱之, 未嘗
忘也, 今逢其子, 不覺欣然如舊。

十七日

陰風。見徐兄答書。兵判書又來。云: "日本全權大使井上馨率兵船
來泊仁港。兵丁四百餘名已下陸, 或云二千餘名。再明入京, 日行待此
商辦後起程。全權一行還京, 留俟爲好云。"

十八日

晴。自南陽離發, 抵水原五十里止宿。留守金箕錫出見。

十九日

或陰或陽。凌晨發行, 抵果川四十里中火。晡時入城。

二十一日

陰曀。日使井上馨陛見。以左揆爲全權大臣, 使之從速商辦。

二十三日

晴。政府與日使譚辦, 立五款條約。

二十六日

晴。上午六點鍾井上馨還發。近藤眞鋤爲署理公使。

二十七日

晴。詣闕謝恩。回路往外署, 尹兄汝晦入直。

十二月

初七日

政, 督辦金允植, 協辦朴定陽。

二十一日

微雪。使名改全權爲欽差。發行抵梧柳洞止宿。

二十二日

抵仁港。本倅已上京。日本領事官小[1]林端一來見秋堂丈。聞丁軍門
汝昌來此, 與監理往中國理事官李乃榮館, 逢姚賦秋、譚頌三兩人。夜
姚賦秋來話。眉目淸秀, 筆翰遒妙, 眞可愛也。

二十三日

晴。秋堂丈往訪丁軍門、姚賦秋於理事館。夜監理邀余設酌。盡醉
而歸。

二十四日

微雪。巳正登日本商船小菅丸。未時發碇。同舟人高洲正輔通刺護
行。高洲是大坂協同商會人也。余半世井觀, 未嘗涉險, 遭此危亂之
際, 奉命於魚龍窟上、豺虎叢中。國恥方深, 使命易墜, 君讎未獲, 禍

---

1 小 : 저본에는 '少'로 되어 있다. 실제 인명에 의거하여 수정하였다.

機難測。 自當此行, 人皆爲我危之, 於我心亦不能無危慮。 及登船沓
錨, 生死禍福一聽於天, 惟義視歸, 襟期自然安閑。王尊之叱馭、范滂
之攬轡, 無乃先獲者耶。但煤油之氣臭, 熏熏然透人眼鼻, 伊軋之聲節,
隱隱然撼人臟腑, 果難堪耐。

二十五日

　晴。 竟夜鎭日, 舟過忠淸、全羅、慶尙三道海。 風作浪驚, 舟搖靡
定。一行諸人皆嘔吐頹臥。但聞火輪鼓浪, 響動心腸。海濤接天, 勢傾
宇宙, 深掩蓬窓, 靜息而臥, 任他一身隨波上下。

二十六日

　晴, 申時舟抵赤間關。使舟人通知地方官。俄而一小艇來迎。下陸舍
於風月樓中。樓邊數株柑子, 顆顆黃垂, 空徑竹林間, 石棧鱗鱗。抵樓下
有漆齒一女子, 跪迎起導, 由層梯登樓二層上, 鋪陳修潔, 窓欞皆以琉璃
爲飾。翠松綠竹隱暎筵席間, 海色山光升降几案上。夕飯纔完, 夜雨驟
至, 竹聲如濤, 樓勢如舟。雖風人騷士放曠自得者, 堪助間愁, 況萬里殊
域遠涉滄溟, 歲暮旅館寒不可眠者哉! 所携盤纏銀, 未及交換, 船賃嚯
價, 無以稱酬。穆公寄電信於釜山海關。此去釜山近二千里, 纔了一時
回報來到。付憑票於銀行, 借款以給。樓中有兩美姝, 皆年可十五六。
其差妙者, 玉逆來往此路嘗爲親昵者。渠言"月前聞玉均過此, 委往要
見。玉均在船中, 匿不出見, 卽向神戶"云。日本風俗, 男貴女賤。凡係店
舍接應, 皆使婦女軄掌。故雖對他國人, 少無羞愧色, 與素昧人裸體同
浴, 不以爲怪。海島獠俗, 定以嘔腸。其服色, 只着廣袖一周衣, 長與襪
褲等齊。上有裏衣, 可壓腰以下, 下無裏衣, 登降時赤條條的兩脚露出,
脚以上亦皆可見。 帶用綾緞, 廣可五四寸者纏腰, 衣領甚闊, 項露肌
膚。髮無兩髦, 以頂髮塗脂油後, 垂如喪冠。合於腦髮作髻, 加雲鬟於其

上, 以簪縮揷。此一國同然。高洲有所幹, 於此辭去。寄電信於大阪同社人高須謙三, 另加護行云。自仁港至此爲三千里。

二十七日

微雪, 上午四點鍾, 遞登三光丸。與肥前州佐賀縣人深川嘉一郎同船, 鎭口談話, 頗不寂寞。是曰天晴風微, 波濤不驚。時啓蓬窓, 縱目游觀, 海面如鏡, 天水相暎。游魚出躍, 一角四足, 大如乳牛。問諸舟人, 謂之海鹿。舟過防州、硫黃、山陽、讚岐等諸島, 山勢皆不高峻, 村落每多凋殘。山無樹木, 在在墾起爲田, 殆無閑地。余謂嘉一郎曰: "土地如彼其磽瘠, 民産得無困乎。" 答曰: "不惟土瘠, 民生果無樂業。其所以資生, 特由力穡, 故恒多困苦。" 余曰: "賦斂輕重何如。" 曰: "以其所穫, 較其所納, 更無餘粟。或有稱貸不足。民無樂業者, 此之謂也。" 深川郎是富商, 而有子九人。火輪船十餘隻家産, 從當寄其子孫, 以一輪舶泛於海上, 游覽天下以終餘年爲計云。其爲人頗淳慤而無文辭焉。下午十一點鍾, 泊讚歧國多度津, 留碇一時許, 同舟人有卸行李故也。自赤間關至此爲一千一百里, 此去神戶四百里云。

二十八日

微雪旋晴。上午十點鍾抵神戶。深川郎辭去, 地方官遣屬員來迎。下陸館於西村絹旅舍。神戶卽日本大港口。漁艇商舶、風帆錦檣, 縱橫海上, 砲臺稅關、層樓傑閣, 聯絡水瀕。築埠頭亘入海, 長可數百步, 廣可十餘間。沿海左右, 皆以石築, 可計程八九里。大道如天, 左右列肆皆層屋, 粉壁照耀玲瓏。商賈販物, 皆載獨運車, 或携或推, 紛紜街路上。幷無負戴者。迎接人率雙馬車來, 言近地多可玩賞, 請往觀之。隨正、副使, 同乘一車。御者擧鞭一麾, 馬蹄翩翩, 車輪轟轟, 電掣之間至一處。下車入里門, 緩步尋景。見路傍有石碑, 題以南山城 楠公社。問土人曰："此乃楠正成之遺址耶?"曰："然。"土人前導，過一行閣穿茂林。林盡處露出石碑無數羅立，皆爲楠氏豎也。從石碑間轉入廊閣中，有石臺二層，高可一丈餘。臺上有碑，題曰"嗚呼! 忠臣楠子之墓。"又轉進至一處有石函，中有一大銅哭。腹圓而中空，上下斜合，高可五六尺。腹之兩傍雕龍，龍口吐水，泠泠瀉於石函。函邊有池，池水清漣，左右叢薄，幽邃可愛。池之上亦有楠公碑，高可三四丈立如柱。明治十五年所豎也。碑後有屋屹然，蓋以木皮，依然如繡錯。但見戶外有屨，不聞人聲。長廊畫靜，古院煙消，山禽野鳥上下啼噪而已。從屋後入竹扉，扉內叢竹鬱密，雜木蔥蘢。或新經手栽，或徒費目巧，餘無足觀。微雪飛撒，夕氣陰寒。連日波濤上勞憊之餘，神氣頓挫，無心賞翫，遽歸旅館，解衣頹床。地方官來言"自此至橫濱，將過太平洋遠江灘，若非迅快船，必難利涉。容俟一兩日，乘快船得達爲好"云。

二十九日

晴。是日俟往橫瀨船，滯留神戶。不勝涔鬱，同一行諸人，將往大坂游覽。乘腕車【人力車一名】，至驛遞所，卽停車亭也。輪車至此駐停，行人或升或降。每十里二十里，必有停車處焉。停車處各有男女上中下待合等所，蓋車亦有三等處所故也，車未至時未屆，行人駐此等候。買上車標，標以紙造，印三等與自某迄某字。將出門，門於欄栖，廑容一人。守門者持翦刀立傍，行人臨門示標，守門者以翦刀刻標一隅，還授行人，始出門上車。至所到處，下車入門時，又爲證據，若失此標，更徵車賃。十點鍾乘火輪車。車之製，火筒在前，車屋在中，粧物在後。大者，車之屋數十輪，載物之車十餘輛。互相牽制，而捩其機關，則汽升烟起，前者馳而後者隨。可緩可急由於機關，故亦謂之緩急車。由鐵道抵大坂。百里脩途一時得湊，所過山川風物，皆從瞥眼看過。到此始見原野廣開田疇平鋪。田間多種桑茶，茶畹翠連，蔬畦綠抽。或擧銛糞田, 或汲水灌畎。牛車載物, 携歸野徑, 而澹靄濃煙, 罨罧村落, 藹然春意, 如我曆二三月風景。館於八勝樓中【卽店樓名】。地方官遣屬員白男川實、福水口熊雄等來迎。高須謙三來見。大坂是昔日關伯所都處, 形勝繁華, 較神戶倍勝。引海爲溝, 橫亘百餘里, 閭閻樓臺臨水左右, 虹橋縱橫, 帆檣出入。西京諸山挹翠於後, 浪華一江縈白於前。朝雨初霽, 麗日增鮮, 夕煙澹抹, 皓月無邊。春葩綻錦、冬雪積縞之時, 一登此樓, 可眩人塵眼而消人詩魂也。平秀吉舊址在其南, 城高濠深, 勢甚雄麗。此秀吉費平生力, 自爲身謀, 其排布規模非不堅緻, 營建未幾渠自先死。後仍爲關白所居之地。今關白亦見罷無存, 惟有城堞連雲, 樓閣控海而已。往觀造幣局、機器廠、工作、鍛鍊等處。造幣製器, 皆學西法, 甚捷且利, 宜若富强可立而致。國內空虛, 民生憔悴者何也。求利甚悉而利輸於外國, 治兵甚勤而兵害於大本, 如此而能使國富能使兵强者, 吾不信也。歸路口占二絶。

三十日

晴。早炊穆公要往見地方官。秋堂丈以病謝, 穆公獨往訪。上午十點鍾還到郵遞局, 地方官始來見。歸神戶, 下午二點鍾乘山城丸。終夜行船過太平洋。此夜卽除夕也。遙憶故國隔在萬里滄波, 餞舊迓新於鯨濤鰐海之上。雖王事鞅掌, 不敢言私, 對燈無寐, 孤懷何如。

乙酉正月初一日

晴。下午五點鍾抵橫瀨, 自外務省遣奏任御用掛三輪甫一、外務一等屬淺山顯三、六等屬奧山巖、御用掛鹽田松四人來迎。薄暮乘汽車入東京。自橫瀨七里。【以我國程里計之八十里】精養軒夕飯後, 移住新橋南鍋町 伊勢勘樓。

初二日

晴。正、副使往外務省, 傳國書及奏辭副本與外署照會。少頃卽回。本國生徒等來見。

初三日

晴。飯田三治來見。飯田卽福澤諭吉學校中人, 有資給於逆均。有標契, 故今來示標索錢。正使大人嚴辭却之。

初四日

多風。外務卿井上馨來見。且致書, 言再明日午前十時日主接見公使。

初五日

風。對馬島主宗重正使屬員尾崎延太郎通刺。對馬一島與我國偏近, 其土壤磽瘠, 民産多艱, 常服事我國, 賴而仰哺。故自列聖朝恒軫懷柔之德, 輸穀賑之, 若有倭船漂沒於邊海, 致虧人命, 亦文移該國, 助恤其家。迄于聖上御極, 彌光前烈, 克遵其規, 治躋宇內, 恩覃海外。而宗重正世守其島, 感化歸德, 厥惟久矣, 自明治維新以後, 盡廢其職, 羈留東京, 家居養閑。每聞我使入其國, 必遣人納刺, 講修舊好, 可見我聖朝德化之被遠也。我國人李樹廷本芸楣家傔從, 人甚巧慧捷給, 頗解文字。仍入日本, 薙髮爲教師, 是日携淸國教師張滋昉來見。滋昉文詞贍富, 尤長於詩。家本江南, 曾宦歷侍郞。年今五十餘, 毛髮種種。迷不知返, 猶旅遊殊域, 爲月金之所賣, 甘心於陳相輩, 亦所不屑。其志操甚鄙悖, 不能强假辭色。彼亦不再來要見。其後逢淸公使, 問張滋昉何如人, 答曰: "只聞其名, 不見其面, 焉知其人。" 夫以同國人同在異國城中, 猶不相訪甚可訝。聞是染於西敎者。

初六日

晴。引導官率馬車二輛[2]來迎。於是具冠服捧國書檠進宮。自旅館可計程十餘里。至則以木柵圍繞, 設雙扉於柵, 纔入柵又有一門。入其門卽至殿閣下。下車入宮內省少憩。室中有梅花、木芙蓉、柑子、松樹諸盆羅列, 階下金莎平鋪, 白狗臥眠。茂松蒼竹鬱密於庭外, 碧池綠苔隱暎於樹間, 怳然有山林之趣。此本寺刹, 而今姑權御。蓋維新之初德川之亂, 東西王宮盡被灰燼, 及亂定欲營建, 日主以國財窘絀謝之。今始營建於舊址, 七年爲限云。宮內諸員及外務卿來會。少選引導官自內而出, 傳進見之命, 乃啓國書檠, 解表裏紅帕。正使袖奏辭, 從事官捧國書, 以外務卿爲前導, 由複道行數十間有門。門外遶屛, 由屛邊轉身入門。望見日主, 身長可六七尺, 面長而鬏, 眼有精彩。身着洋服, 以黃金繡菊花於前後兩襟, 此陸軍號也。絞金條作繩, 橫置兩肩上, 又金繡作圈如楪子, 大加兩腋上, 此海軍號也。以一長金色條廣可三四寸者, 荷自左肩至于右腋, 如我國佩金銀牌一樣, 此兵隊號也。身邊佩四五勳表, 此各國有相加之例。脫禮帽在手, 立於椅子邊, 左右有十餘侍臣, 服色別無差異。但海陸之號無兼, 而有勳者有表而已。表以金造, 或以寶石, 五色各具, 形如時表, 或稜或圓。入門時行禮, 但點頭而已。少進又點頭, 至其前又點頭。正使讀奏辭畢, 從事官擎國書授正使, 正使捧進。日主親受授侍臣, 亦親讀祝辭。訖使傳語官勞問使臣。致謝後退步却行, 三行禮如進見時。仍出門平步。蓋退步却行者, 面君告退時, 不忍背君之意也。面君時不忍背君, 則不面君之時, 乃可以背君耶? 昔有終身坐不背南者, 其心常戀宗國, 雖坐臥亦不忍忘也。何嘗以步趨向背, 論忠逆耶? 趨以《采齊》、行以《肆夏》之時, 未嘗退步却

2 　輛 : 저본에서 원래의 글자를 '輛' 자로 수정해 놓았는데, 원래 무슨 글자였는지는 판독이 되지 않는다.

行, 亦未聞有背君者。今日人之退步面君, 倣於西俗, 有損體貌甚不細, 可駭可笑。然顧其意則非不善矣。欲說禮則嫌逼屠門。

初七日
風。正、副使往訪各國公使。

初八日
風。各國公使來訪。陸軍卿大山巖致書, 約以正月廿三日【日歷三月初九日】鹿鳴館夜會。

初九日
風晴。

初十日
晴。正使大人往訪淸國公館。來此以後, 每見新聞紙論我國事件, 語多爽實。或稱以謝罪使, 或目以事大黨, 論斷朝政, 譏刺甚衆, 誠可惡也。主人有一女名菊。要余索筆甚勤, 不得已題一絶贈之曰: "金閨種菊度年華, 聞是東京第一花。不有淵明誰得採, 色香惟屬酒人家。" 余意則以爲此地雖有菊名人, 無元亮之靖節, 則其色香不過淪沒於酒肆娼樓之中, 甘爲識者之所嗤, 蓋譏之也。日邦人不解其意, 以爲朝鮮欽差大臣愛菊娘贈詩, 刊諸新聞紙, 甚可笑也。秋堂丈聞之作三絶, 余亦和而解之。【詩并現下】

十一日
朝雨晚晴。英公使來訪。

十二日

晴。此地瀕海, 四時多風。 來此以後, 無日不風動塵, 驚樓榭軒窓, 盪搖砑訇, 令人騷亂, 今日始得好天氣。隨正使往觀博物館。入由<u>南城門</u>, 出東城門。城凡三重, 雖不甚高, 皆濠深完。但無雉堞, 亦無譙樓與門扉。行數里餘有一洞口。兩邊樹木蔥蔚, 皆以木欄圍繞。到館門前下車。得入門標始入門。門內左右設欄, 當路有機關, 如我國繅車【俗名文末】形, 但可轉而入, 不可轉而出, 出門時由他門, 亦有機關, 可出而不可入。入館內, 上下二層周游遍覽。人形佛像、書劍字畫、琴簧服器、農桑耕織、金銀銅錫、醫藥卜筮、水漁山採、怪禽奇獸、美花異艸, 與夫本土所出, 外國所産, 或有眞形, 或以假狀。區以別之, 各有間架, 皆以琉璃障蔽, 眩耀左右。出門又轉至一處, 從樹陰間下石棧, 行數十武, 乃動物館, 卽鳥獸圈也。入其門, 左壁上烟波漣漪, 游魚沈浮。余初疑之以爲活畫, 乃諦視之, 以琉璃爲壁, 壁間貯水, 上覆鐵網, 使之通明也。 步步深入, 行閣列立, 閣內獸有猴、熊、鹿、兎、猫、犬、狐、狸、䶂、野猪、水牛, 禽有鶴、孔雀、鷺、鳶、鴞、雁、鵁鶄、鴟鴞、雞、雉, 其餘彩羽奇翎, 不可枚數。而山禽野獸, 皆置屋內, 內有鐵網, 外有木欄, 深鎖之。凡屬水鳥, 穿一大池, 池邊立鐵柵, 上覆鐵網, 使不得飛去。余問迎接人曰: "作此館而儲此物, 今爲幾年?" 答云: "十年間事。" 余乃心語曰: "日本開國數三千年, 必有賢辟良佐鳴其間矣, 曾未有此。近自開化以來, 汲汲營造, 鳩聚逌邇工作物種, 其費幾何。使博物者觀之, 或有取焉, 終非今日天下爲國急務。宜乎君心漸蕩, 民生愈困。而猶欲妄自夸大, 傲視隣國, 不滿一哂也。" 上車又轉至<u>淺草寺</u>。寺在閭里中, 屏門外設橫杠木, 使不得騎馬由之。自屏門至寺門可百餘步, 並鋪磚石。寺內有五層塔, 彩色照耀, 殿閣高聳, 丹腹玲瓏, 殿裏香烟裊裊。傍有二枯釋對案端坐, 依然如活佛。男女駢肩而至, 或焚香禮佛, 或擲錢獻誠, 紛紛擾擾, 殊無半點淸淨之意。寺傍有賣花家, 坐床歇脚, 評花品草, 主人女子進茶。茶罷復出寺門乘車。由吾妻橋, 挾長川而下。川水平流, 安如澄潭, 兩邊層樓粉壁, 皆在水影中, 輕刀短檣, 往來於其上。還渡兩國橋, 歸于旅館。余告秋堂丈曰: "此可謂天設之險也。若非火輪, 必無外憂, 此一姓所以相傳之久也。但其景槩之美麗、物色之繁華, 皆由製作之奇巧, 殊無自然之氣像, 適足以眩人耳目, 實無賞玩之趣。曩者年少輩不知韻折, 一經游覽, 心神動盪, 以爲'其奇巧可學而爲, 其繁華可艷而習, 其法制可摹而取。冶遊可樂而豪放可愛, 至於富强亦可立而致。'動欲縱性, 浪費公財, 以至倡亂, 禍人家國, 此皆由平日心地上, 無實學之致也。由是觀之, 世之謂經術無益於國家者, 實爲亂賊之前茅矣。"秋堂丈曰: "君言是也。薄有才技而不善讀書, 反不如無才技而不讀書之爲愈也。且此邦一花一草一樹一石, 無不被人巧者, 凡屬居處器用, 皆受其毒。然而猶慢侮中國。譬諸詩家, 昔王漁洋門人謂漁洋曰: '先生之五言高出唐人。唐人之詩不專用工, 先生之詩一句一字精力皆到。'漁洋曰: '此所以不及唐人處。'與此何殊。"夜井上馨致書, 以今月十八日【日曆三月初四日】午后七時, 霞關【外務省】晚餐差進爲期。

十三日

陰。往敎場, 觀步騎砲三軍操練及兵隊學技藝者。夫齊馬、運砲、馬騰、車馳, 開合回旋, 制極精銳。在兩陣相見於平原之時可一試, 而若遇山蹊石逕, 恐難爲力。歸路訪外務大輔吉田淸成。淸成遊學西國十餘年, 歸爲大輔。爲人頗詳明, 儀貌淸秀, 眼有精彩。接語移時, 座中人指床上西人撮眞而笑曰: "乃如之人儀形, 與我不同, 其取日女生孩, 亦類其形, 良可怪也。"余笑曰: "氣類自是不同, 儀形安得相似。但人面雖同, 而人心難保其如一, 是可歎也。"向晚伊藤博文來見, 告明日發向中國。

十四日

晴。往觀電信局。局長工部大書記官石井忠亮出迎。以漢文書"欽差正月一日抵東京"九字，贈局中人，使寄於釜山。且以言托轉達本國京城。電信人眼看書字，手摩器械，器械隨手低昂，節節有聲。蓋手勢低昂之間，自有機關書字，言語能相通知於萬里之外。曾不幾時，且問釜山陰晴，時午前十一點鐘。此地天氣淸明，而釜山方陰噎欲雨云。此去釜山六千餘里也，萬里陰晴雖不能相同，不過一時聲息相通，恍若奇術者之譎說。然從前經驗無一錯誤，西法之使人眩惑大槩類此。午後往觀煤氣局。正、副使乘馬車。余乘腕車躡後而去，馬車迅駛，腕車不及，路歧相失。車夫携至一處，人海涌沸，車馬塡咽，如天大道無地行車。追後聞之，此乃郵遞所，而伊藤博文方發燕京路，傾城出餞于此。車夫佇立四顧，不見正使轍迹，且不知所向方位，有惝恍色。向余有言而余聽之如啞聲，余告以所向而渠不聽如聾者，畢竟吾與渠耳皆聾而口皆啞。余在車中獨歎且笑曰："聾者猶言、啞者猶聽，今乃一人之身而聾啞兼之。一人聾啞猶難，況兩人聾啞，將何以堪。"余乃以手爲口，以眼爲耳，作字樣而示之，誰知渠目亦盲。以手招傍人，傍人至前，余書"朝鮮旅館"四字示之，其人向車夫指路。復歸館舍，率通事往至煤氣局。局在海邊，煤氣盛張。東京之內處處煤燈，皆由此燃爇。又轉進至琉璃廠。琉璃現廢不造。廠內所儲器皿，不甚殷富。

十五日

晴。往觀故宮後苑。夾路兩旁，竹林森森、松檜鬱鬱。馬馳車轉於樹林之間，纔入洞口，平陸曠開，金莎齊鋪，以木欄周匝。此乃日主暇日馳馬試劍之場。又轉至一曲有一亭，稱以飛瀑館。遙望小瀑懸流於岸上石崖。水落沙平，溪水澄澈。登館少憩，館人進茶。茶罷步從一木橋，至山轉後，潭水如藍，有短舸繫在水瀨。島嶼中設葡萄架，連亘數十武，架下有二奇石雙立, 碧紺如靑琅玕, 洵可愛也。又轉至一處, 署於門外曰參觀者休憩所。入門戾庭, 庭下有池, 池邊有一種物, 非木非石, 冪以鐵網。問諸守宮人, 此乃松根化爲奇物。其物名莫詳, 其年代莫徵云。由飛瀑溪邊, 步步尋源, 源窮路轉, 斷岸陡起, 石棧鱗鱗。循序而進, 至最高處, 上有一小閣, 門皆深掩。庭除左右, 翠屛鬱密, 少無參差。引導人擧手指雲外峯巒曰: "彼乃富士山。而登此遙望者也。" 余曰: "屢日往來於戎馬塵埃之間, 心神頗擾惱。始得淸賞山水, 翛然有濠濮間想。" 引導人曰: "海邊有一勝區, 名曰瀨御館。不欲往觀乎。" 曰: "諾。" 乃出門上車, 行至其處。館在池邊, 藤架爲檐, 池上木橋, 依如行閣。由木橋過池, 登一高阜卽臨大海。海邊皆以石築, 繞以木欄, 連亘數百里。循欄而步, 北至數百武, 引海水入池處也。深溝高閘, 闔闢頗有術焉。又轉往增上寺。寺是德川氏之願堂。寺內金佛金塔照耀一室, 石燈石碣羅列全刹。俗本崇佛, 致其極盛, 若以費財言之, 不下累巨萬。國內有如此寺, 不可枚數云。僧夕歸館。今夜卽上元宵也, 眷戀家國, 旅懷難禁。夜會本國生徒, 設酌暢懷, 可使北海一隅, 變爲漢境。但生徒言語衣冠, 反爲不善變者, 環視四座, 悄然無樂。夜分諸人皆散, 仍不成眠, 登樓望月。下樓思鄕, 負手散步, 衣襟凄然。入室對燈得二律。【詩現下】

十六日

晴, 正、副使往橫瀨, 訪各國公使。穆公薄暮還歸, 秋堂丈乘小輪舶, 轉進橫須賀, 歷覽造船。

十七日

大風。午後四時秋堂丈歸自橫須賀。

十八日

風。朝起見本月十二日寄來徐兄書。執書懽忻, 怳若從天而降。往觀
海軍操練。泊一大輪船於海水洄曲處, 習戰禦之技, 上下帆檣, 如踏平
地, 突若鷹擊, 伏若鳥竄。觇敵動靜, 隨機應接, 皆貴捷速。但可慮者,
火攻而防禦之策, 恐疏虞也。午後正、副使往觀工部大學校。余神氣
不寧, 未能參觀。夜赴外務省約會。席半井上馨笑謂正使曰: "今夜之
會, 必無貴國郵局之變, 少勿致慮。" 正使笑曰: "貴國設或有郵局之變,
與我無干涉, 何慮之有。" 馨曰: "貴國大君主必歷覽如我國者, 然後開
化速成矣。" 正使正色曰: "不然。宣力四方尊主救民, 人臣之職分。爲
人臣子, 使其君奔走他國, 其可曰國有臣乎。" 馨曰: "如露西亞、英、法
等國主, 亦皆周游各國, 久而後返, 能致富强, 何傷之有。" 正使曰: "此
在歐羅巴則或然, 而亞細亞界中, 孰有人君親自游覽各國者乎。夫君人
治國之道, 不出戶而教化行於天下, 何事於役役道路間哉。" 馨曰: "公
言乃千年以前事也。恐不合時措之宜。" 正使曰: "古今雖或異宜, 非古
無今, 酌古通今, 經國之大猷。公言太屬過當。" 有宍戶者曾遊中國而
歸, 在座進曰: "昔堯舜亦嘗巡狩方岳, 人君遠遊, 於古有徵。" 正使曰:
"此巡狩域內以行黜陟之政, 何嘗游覽他國乎。" 蓋日廷現居顯要者, 自
太政大臣以下, 多是浮浪輕剽人。游歷西國, 歸倡國難, 勒制其君, 變亂
舊規, 刱設新制, 言語文字衣服居處, 皆從西法。天壤間只知有泰西, 不
知千載上唐虞何許君民也, 三代何許政治也。尊君適所以移其權, 使臣
適所以阿其意, 至於君不君臣不臣, 迺曰開化當如是。甚矣開化之禍人
國家也。自今以後, 睦仁氏之鹿, 恐未知屬在誰手。

十九日

晴。往謁夫子廟。門外立碑, 題曰東京圖書館。入門至正殿有懸板,
以金字書大成殿。自殿門外, 由術衕入夾門至正堂。夫子金像安於龕

室中, 主壁端坐, 左右有顔、曾、思、孟四位金像。 皆渾身蒙塵, 未曾洒掃。 此國亦嘗尊崇孔孟之學, 奉像致敬, 講習經傳。 自開化以後, 盡廢經史, 藏於旁廡夾室。 正堂左右滿架書冊, 盡是洋文而已。 余隨正使行瞻拜禮, 徘徊瞻望, 不覺憫然而歎曰: "夫子之道, 其大無垠, 而夫子之命, 其窮愈久矣。 旣不見容於當時, 數三千年之後, 又此困阨, 陽九之會, 何其多也。 雖然魯國春秋大義有在, 則乘桴浮海, 非我殷師故國而何哉。" 轉往師範學校。 蓋有男學校、女學校, 選男女四五歲以上, 立長敎誨。 各有處所, 列坐椅子, 間架不差。 其最幼者先習手戲。 以針絲穿各色紙, 或圓或長, 各有間隔, 如竹纓然。 稍長者, 以木片學豎屋子。 至八歲以上入小學校, 敎以書數、器械、畫圖之法。 十歲以上入中學校, 廣小學之事, 務求博物。 女子亦隨齒陞次, 敎以書籍、筆畫、刀箚之工, 每食後皆使運動。 一女子以贊美聲【洋樂名】節奏, 衆女子兩手皆持木彈丸, 應響叩擊。 手舞足蹈, 回旋進退, 與學兵制者無差異。 蓋使之動盪血脉, 疾病不作。 往觀陸軍士官敎場、砲兵工廠。 馳馬、放砲、跳躍、材蹶, 作攀高攻險爭先賈勇之狀。 技藝漸向精熟, 又學算數、測候、圖畫、工匠之術, 兼治然後始爲上將。 夫日本師律兵制非不精強, 自西國人觀之, 直未免兒戲。 況幅員之廣狹不齊, 士馬之健弱不侔, 師無地水之丈人, 兵皆市井之游民, 乃欲學人之術而折人之衝, 不亦難乎。 使人人皆爲逢蒙則善矣, 不然則彼之技無窮, 而吾之才只一黔驢而已, 《兵志》所謂泰山也累卵也。 勝敗之形, 不待見敵而決矣, 故必欲自强, 莫如修德。 曾子曰: "彼以其富, 我以吾仁, 彼以其財, 我以吾義。" 孟津之師不能敵紂, 縞素之兵不能爭項, 而卒成大勳。 季梁在隨而楚兵未加, 司馬相宋而敵人相戒者, 以德不以勢也。 至於豺狼無厭犬豕肆突, 則雖學其制, 難禦其鋒。 學不學, 其敗均也。 若修德則兵雖敗, 而所修之德猶幸不墜矣, 《孟子》所謂爲可繼者, 實千古格論也。 且臨機應變、出奇制勝, 皆有自得之權謀, 亦非學所能也。

二十日

朝雨晚晴, 修答書於徐友陽伯, 付郵便局。

二十一日

陰。往觀大學校礦學、化學、醫學等處。採礦之法, 穿山荷土, 以轆轤
懸簣上下, 一簣上而一簣下, 連環不休。引水淘沙, 鍊沙作屑。皆以機輪,
事甚捷利。化學之法, 專以水火二氣相藉神用, 變幻無端。凡屬器用, 皆
琉璃與强水而已。立一鏡於暗室中, 前有懸迷鏡二幹, 一直一斜。且置
一鏡於戶外, 受太陽氣, 從戶牖中, 有一孔影, 與室中之鏡, 遙相對焉。
從斜鏡窺測, 則晃朗世界, 五色玲瓏。此所以測候黃赤道之法。至醫學
校, 髑髏滿室, 穢臭使人嘔逆。架上琉璃缸中, 多盛人腸腑, 以藥水蘸之,
使不朽腐。且至一處, 方新死人, 以刀去皮割肉, 分解四肢, 耳所不忍聞,
目何忍見。行中上下皆回頭擁鼻, 卽向他處。蓋西俗人有病難治, 瀕於
死境, 則將死者囑其子, 托屍於醫院, 剝皮析骨, 尋其受病處, 使遺惠後
人。爲人子者, 若不忍重死其親不遵其意, 比之不孝, 擯而不與。今日人
酷慕其法, 至於死骨亦賣, 不仁極矣, 豈可以人理誅之哉。

二十二日

風。兵判書來到。日人小島因生徒嚴柱興索余筆。余以一律書贈。

二十三日

晴和。夜赴大山巖 鹿鳴館宴會。樓上樓下, 煤燈蠟燭, 如攢花叢, 美
花嘉卉, 如開錦障。登樓三層上, 黑窣窣的男漢服、白紛紛的女子粧,
珮香裊娜, 笳聲節奏。滿朝文武率其婦女, 與各國人男女, 兩兩相抱,
竟夜率舞。 如錦繡叢中鳥獸群戱。 日邦女子皆能服洋之服, 舞洋之
舞。此自維新以後俗。其女子開化不遜於男子, 開化以前女子之無善

俗, 推可知也。尤有可笑事。有一美姝年可二十餘者, 從人海中忽握余
手, 有所云云。問諸舌人, 此乃陸軍卿之夫人, 蓋謝赴宴語也。余以床
頭一書生, 娼婦酒母之手, 未嘗一握, 忽遭此境, 不覺惝恍。舌人道:
"此是我國待貴賓第一件事, 勿以爲怪。" 余乃遽作欣然之色, 謝其設宴
來速獲參勝遊。此俗所謂狂者在傍, 不狂者亦隨而狂也。男女無倫, 尊
卑無章, 至於此極, 甚可醜也。舌人爲余指點曰: "彼太政大臣之夫人
也, 此外務卿之適妻也。" 或舞罷坐歇, 或方趨舞列。余乃周覽東西, 從
燭影下有一丈夫褊帽寬衣, 雍容揖余曰: "今夜之賞樂乎?" 視之乃中國
參贊官楊樞也。余答揖曰: "同是賞也, 樂與不樂, 任所自取。未知所取
何如。" 楊曰: "看到一回, 須欠了滋味。焉知其樂。" 余曰: "大舜世遠,
神夒不作, 石聲未諧, 彼相率而舞者果何邪?" 相與一笑而散。

二十四日

風。中國參贊官陳明遠來訪。明遠字哲甫, 年二十九。官中書, 家在
浙江省 海鹽縣 曲尺衖。上年冬三奉電旨, 隨公使徐承祖, 現在日本。
儀表端雅, 學術頗正, 非開化中染於病俗者也。

二十五日

微雪。夜小島貞造來訪。自言守舊中人, 不求仕宦, 退守田廬, 惟以
農桑作業, 自近年始剃髮服洋, 務求混迹韜晦, 非其素志云。

二十六日

風。出則楚氛溢目, 入則杞憂滿腔。終日閉戶, 寓心翰墨, 亦無佳
趣。忽見床頭小梅放花數枝, 盆不禁家國之懷。走筆成三絶。【詩現下】

二十七日

晴。往訪中國公館, 與徐公使、楊·陳兩參贊筆話。 午後往觀印刷局, 卽造紙幣所也。夫用紙幣之法, 與銀金相值。假使金銀錢貯萬圓, 則紙幣亦造萬圓。 紙幣之未必換給金銀錢, 無或低昂, 如我國錢標去來。【俗所謂於音】但我國錢標則錢在於私, 故傳標索錢, 以錢行貨, 紙幣則錢在於公, 故以紙爲錢, 通行無礙。然現日邦, 紙幣有嬴而金銀見縮, 如欲兌換, 只餘紙上空文。所鑄金銀錢, 盡輸外國商利, 民墮其術, 愚迷不知。歷覽化學、印字、水機、電氣、劍術等諸法。

二十八日

陰曀。陳明遠寄一律於秋堂丈, 句語頗多慷慨。徐公使致書, 以二月初三日下午七點鍾, 潔尊候敍。夜坐無寐, 步陳哲甫得二律韻。

二十九日

晴。照會於外務省:"有談辦事, 擬明日正、副大臣躬造貴省。請先行定期。"自入此邦, 正使丈欲速竣使事遄旋歸帆, 每向穆公言提。而穆公先稱未及恢公於各館, 復稱外務卿在外未還, 且船便阻斷, 行期未定, 延拖歲月, 不勝躁菀。然氣類不同, 語言不通, 無以强之, 第觀動靜, 每事務從雍容。今日始送照會, 而井上馨尙在南海道未還, 故與外務大輔吉田淸成約共談辦。午後二點鐘, 往淸公館敍話, 薄昏歸館。

三十日

終日下雨。自外務省照覆來:"今日有事, 未可談辦, 俟明天會晤爲希。"夜得一律。【詩現下】

二月初一日

大風。午後三時往外務省。以拿交逆犯、招還生徒刷還、蔚島木料等三事，竟日譚判。

初二日

朝暘夕陰。以逆犯、木料事，送照會二道於外省。小島來遺封套一匣，以扇子五柄酬之。福澤諭吉，日邦民權黨主人也。家蓄我國逆黨，或恐其國之拿交，說明公法，沮戲萬端。且爲逆黨發明，如恐不逮，譏評使節，吹覓備至，搆捏虛無，不有餘力矣。一日因我國生徒金漢琦，要請欽差一行喫飯。正使丈聞之，謂漢琦曰：“我聞福澤可謂西州豪傑也。與豪傑雖有一見之願，其家有逋逃藪，隱匿隣國罪犯，其罪犯拿送，則我可往矣。”更不敢要請。

初三日

明□橫瀨有燈臺局，局長請欽差一行要觀燈臺。上午九點鐘，往橫瀨游覽。□玻璃造燈室，大如巨鍾，中可容十餘人。高可數丈，層層如魚鱗相接。以□油燃火其中，燈旋而火焰如山，稜轉而火色異樣。蓋燈有層故火勢愈長□百稜故火色各殊。燈在三層臺上，臺如我國十字閣□度而差大。直臨海□，入夜燃燈，數百里外輪船往來，可照風□巖礁云。且有各色旗號，海上百里之外，相爲問答。如問某件事□某色旗，答亦如之，循次揭旗，□成一場談話。下午三時歸館□七時赴清館約會。陳哲甫贈余二詩。相與事□□□論人物。徐公使承祖曰：“吳筱帥余少時友人也。其爲人甚忠慤正大，有君子風。今也則亡，不勝痛惜。馬常伯、眉叔兩人頗有才，學術未正，浸淫於西氏可惜也。”陳哲甫曰：“周家祿與余同研舊友，慷慨有志於世，且文思飄逸。隨筱帥幕府，久駐貴國，或相知面否？”仍又曰：“學問之道必貴誠正。意不誠心

不正, 而欲從事於學問者, 非眞學問也。 愚也爲學之心雖慥慥, 奔走海
上, 素志易負。 幸得一言衮箴, 以爲迷塗指南。" 秋堂丈謝曰: "何敢當
何敢當。 然竊嘗聞'道溯孔孟, 學穿程朱,' 此建天地不悖, 俟聖賢不易者
也。 兄之學問, 克踐其域, 住脚實地, 曷勝艷服。" 仍問曰: "王紫詮何如
人? 此否酒色中人?" 陳曰: "酒色特其細節。 曾獻策於髮賊, 朝廷欲拿
殺。 逃在香港十餘年, 近者始歸。 其年已暮, 壯心已衰。 去年余過其廬,
問以佛事, 彼謝以年邁不知。 可笑也。"

初四日
陰風。 地震, 室屋皆搖。 此地常多地震, 人家每致頹壓。 故地震之時,
室中之人, 走爲上策, 嗔咽街上, 哭聲載路。 於東京方設地震學, 發明
其由。 歸期以初七日爲定。 夜得一律, 寄陳哲甫。

初五日
大風灑雨。 往辭日主, 日主以便服延見。 便服卽東西洋常服之服。
外務省照覆來。

初六日
風。 徐公使承祖來別, 贈正使及余柱聯各一對。 陳逸士寄余二詩。
我國生徒之來留日邦者, 食費及雜費總計累萬兩, 自欽差之來, 日見督
迫, 使人眠食俱不甘。 手中現無分銅, 所携盤纏皆在穆公句管, 未得趁
卽淸償。 日事騷擾, 今日秋堂丈悉召債主, 分給標憑, 以還朝後給錢爲
期。 將招還諸生徒, 而嚴桂興、兪性濬二人回國, 餘皆不歸。

初七日
晴。 午前八點鍾發行。 旅館主人及小島兄弟隨到橫瀨告別。 生徒則

嚴、兪兩人外, 無一人來見。下午三時登商船名護屋丸。四時發碇。小島兄弟溯洄海岸, 隨波送目, 憑崖矯首。船駛人遠, 佇望不歸, 戀戀有不忍別之意。眞有心人也。

初八日

或雨或雪。下午七時, 抵神戶下陸。舍於西村絹舊館。

初九日

或陰或暘。將往觀琵琶湖。上午六時登輪車到大阪。送人於府伯, 請派員護行。府伯遺御用掛浦島爲助護行。歷西京、宇治、八幡、大谷、稻荷等地。至琵琶湖。湖南北二十餘里, 東西八里, 日本國內第一大湖。湖之狀如琵琶故名焉。波光如鏡, 山色如羅, 暢人胸襟, 耀人眼目。湖上樓閣軒敞, 但無華扁, 亦無古今人詩句。卽一來往商旅卸物打算處也。方濬湖治石, 將欲防築, 工匠畢集, 役徒甚鉅。秋堂丈笑曰: "日邦山川人物之中, 此湖尙獨保有天機。又輸以人巧, 甚可惜也。" 宇治多植茶, 八幡多種竹。宇治之茶、八幡之竹, 皆名於國中者也。大谷則鑿山造鐵道, 長可八町餘。以我國道里計之, 可爲五里餘。過此時燃燈於汽車, 使照車中焉。稻荷神名, 古之皇子死爲靈神。能操縱禍福, 故國內家尸而戶祝, 此其本土也。歸路歷覽西京。名山在後, 峯巒秀麗, 曠野在前, 田疇沃腴。此眞王都之地。往在德川之亂, 宮闕灰燼, 惟餘回廊行閣, 皆列肆販物。書畫之類甚富, 中有古昔聖賢塑像。形甚短小, 如我國燈市所列僬僥者, 亦皆賣買。初見不勝痛駭曰: "慕聖尊賢, 固天彝之同得。故雖廟祀院享, 猶懼慢褻, 入廟而起敬, 會院而講禮, 肅淸之思、揖遜之心, 不待勉强, 油然自生。此邦之人, 獨非天彝中人耶?" 旣而思之曰: "夫人之生也, 莫尊於君, 莫親於父, 父死而割肉賣骨, 君之像揭市招價, 天倫絶矣, 人理蔑矣。責以不慕聖尊賢, 不亦非乎?"

到後苑有一殿閣, 宮門深閉。護行人要入, 守門者以過時不納。蓋門之開闔自有期限。此非宮門, 開闔期限已過。門內必列市肆, 巳時開市, 申時閉關, 而時已酉刻矣。日漸薄昏, 歸路正長, 草草游覽, 還到大阪。浦島辭去。下午七時抵神戶。往來可六百餘里。

初十日

雨。池主事運永來見。運永前年秋以寫眞器機購貿事入來, 在病未歸, 藥債食費, 無路淸償, 方在困境。秋堂丈給標償債, 許與同歸。地方官邀一行設午饌。乘昏冒雨登靑龍丸。

十一日

上午二時行船。終日風浪。

十二日

風。抵赤間關留碇, 一時許發船。風猛浪驚, 舟如箕簸。堅臥房屋, 鎭日不進食。

十三日

大雨。上午一時抵長崎島, 待天明下陸。定館舍於上野屋。朴義秉來見, 要同船歸國。此芸台門人, 以諺文鑄字事, 去年七月來此未歸。長崎之水流於兩山之間, 水勢平鋪, 山形委曲。當舟楫往來之衝, 屹然爲海門巨鎭。依山臨海, 村落可數千餘戶, 皆粉甍櫛比, 市肆聯絡。櫻花、桃花、躑躅等諸花闌開, 山田野圃, 靑綠成陰。來時東京、神戶之花方含蕾未放, 到此見花, 此地氣候較似先暖。

十四日

陰。採辦木料、移運桑木事濡留。以未還生徒食費任其自辦、蔚島木價推給德國銀行事, 付照會二道於外務省。中國領事官蔡軒來見。

十五日

晴。與兪性濬登長崎後山。山無奇巖美樹可以賞玩會意。但山間往往有孤邨, 隱暎竹林中, 頗有蕭洒之意。自仁港登船, 往來數萬里, 飽經風濤, 此日始得登陟, 雖勞可喜。下午四時登德國商船。

十六日

海風大作, 舟楫翻覆。艱踰水宗, 上午十一時抵釜山浦。自此乃我國境也。衣冠安舊俗, 草木帶欣容。俄而兩三小艇輕搖來迎。旗脚風翻, 乃我國號也。下陸歇於稅關, 午饌後還登船。

十七日

晴。風和日暎。天氣淸朗, 海色澄明。舟過濟州, 夜月空明, 海濤湧銀。四顧無邊, 天風蕭颯。裒回舟中, 朗吟"蕩漾海濤三萬里, 月明飛錫下天風"之句, 如聞笙鶴聲隱隱在耳邊, 有庶幾遇之想。若使秦皇、漢武當之, 必欣然褰裳濡足也。

十八日

陰洒雨。下午四時來泊仁港。花島別將來迎。安歇於監理所。

十九日

晴。早發乘昏進京, 直入外署少憩。自闕中, 有今日已暮明日復命之敎。仍歸社洞留宿。

二十日

雨。衝雨詣闕肅拜。有欽差大臣、副大臣、從事官入侍之命。承旨徐相祖、注書朴周鉉同爲入侍于西溫突。筵說不錄。少選退出。

東槎記俗

昏姻無媒妁聘幣之禮。但男女相見，不愜於意，雖父母之命，亦不從。有慕悅之心，卽相結約。迎女入門，會親戚朋友，使新人侑觴。仍蓄於家，有少不稱，輒被逐出。改嫁改娶，不以爲怪，故新嫁者有率子女往者，雖太政大臣之家，昏娶並皆如此。同祖姊妹，亦相娶嫁，言之醜也。

自太政大臣以下，至于小民，皆無家廟祭先之禮。只有一神堂於家內，每朝日設飯一匙或菓子等屬於其前，叩掌稽首而罷。近自開化以後，行此俗者亦無幾存云。

法律政令，一從佛國規則。雖勳貴權要，鮮有觸犯。嘗改造鐵道禁人由行時，左大臣乘車誤犯其路，爲巡查所執，酬罰金百餘元。

凡民有罪當按治，有議員焉、有裁判焉，不施刑訊，使兩造對坐，極其卞說。雖有罪者，文過飾非，言能精辨，則得以脫空。若辭不能圖免，則政府嘗置代言官，代有罪者節節卞析，務從輕典。雖犯大辟，鮮及於死。惟有懲役，有無期役、有期役。有期役以十二年爲限，使服赭衣，盡力從役。

有罪者無杖治刑殺之法，惟驅爲懲役，使服赭衣赴國役。日給十錢【卽我錢一兩】，十錢內除一日所食，其餘納于官。自官受之，一一錄簿，或放債殖利，及懲役者年限已屆當免役，則這這出給，無一乾沒。免役者若復犯罪, 與死罪不敍同, 謂之無期徒刑, 終身懲役, 而所嬴之錢, 從其所願, 分給其家屬或族戚焉。

國內每年所用, 上自君祿, 至于外國債息【本錢勿論】, 總計七千五百六十萬六千五十九圓。每年所入常有不足之弊, 造紙幣塡補國用。

國內米穀所出, 肥前、肥後兩州居最, 餘皆磽瘠。故收賦頒祿皆以錢幣。稅有常定價, 若凶年穀價貴, 則以所穫輸所納, 年豐穀賤則稱貸不足。未能刷納者, 其家産沒入於官, 其地稅排年徵納。名以身代限, 謂終其身以畢納爲限也。雖空垈不耕之地、災年未播之歲, 亦皆收稅, 無或低昂。近自開化以來, 雖窮蔀編氓, 侈習滋長, 用度甚鉅, 而連年豐穰, 穀價不踊, 民生困窮, 犯身代限者十居二三云。

國內軍艦三十五隻內, 堅完者不過十六隻, 餘皆朽敗不可用。商船三百隻。而於橫須賀, 方造軍艦云。

海陸軍常備兵三萬七千八百二十三人, 預備兵四萬二千六百六人, 後備兵一萬六千八十人。民軍八十八萬五千九十人。但海軍操練不及陸軍。

爲各學教師者, 每月課諸生徒, 以圓點多寡爲殿最, 如我國計劃法。至年限爲殿者, 更加一年。卒業則授卒業狀, 生徒自授狀日, 飲酒取樂。朝家使之卽付祿籍, 行其所學。

鹿兒島屬地有朝鮮村。昔在萬曆壬辰, 我人被俘者始居焉, 今爲數千餘戶。自相昏姻, 不與日人嫁娶, 至于今不變其俗。日人道"鹿兒島人, 言語衣服雖是日人, 其心則終是韓人"云。其說未可信。肥前州亦有韓人一人居焉, 其後裔滋蔓, 今爲五十餘戶云。

此地常多大風, 故火災比比有之。若一家失火, 急敲街鍾, 連次擊之, 片刻間聲達四境。有不耕不商無賴之徒, 自成一社, 以擊劍尙勇爲業, 此所謂頑固黨。或爲人報仇, 或赴人急難, 如古游俠者。率其徒黨, 至失火家, 以家産多寡定價救火。先置一大水桶於屋上, 爲頭領者執旗立其傍, 呼衆齊力。 若火猛烟漲, 其勢危急, 則入於水桶中, 麾旗賈勇。 若力或疲而旗或偃, 則火雖救而不能受償焉。

凡屬商賈, 無論大小, 自國管轄, 皆有稅則。 必粘印紙然後行賣, 若無票憑, 巡查執之, 納罰金有差。

吉園、柳橋爲蓄妓之處。 妓有色妓、藝妓之別。 色妓則臨門迎人, 任其行娼, 計日收稅, 塡補公用。 藝妓則與人私通, 若爲巡查所執, 受罰金四五十圓, 三次現捉, 驅之懲役。

凡群飮夜話, 無過午後十時。 若或過時, 亦爲巡查所禁, 納罰金許免。

凡治第宅, 極其精紗, 一木一石, 盡經目慧手巧。 但房屋內, 必有一楹, 不斵不鍊, 屈曲古奇, 不中式者, 歷覽諸舍, 每每有此。 問諸土人, 謂韻勝故也。

自設銀行, 雖卿宰豪貴、富商大賈, 家無蓄財, 皆任置銀行, 隨用打算。 故其家儲什物, 無過服飾器用而已, 其餘蕭然。 故雖有火災, 但燒家而不及於産。

神戶、東京兩處所飮之水, 皆數百里外甘冽之泉。 置筧引水, 水由地中行, 使之曲曲有機家家有井, 注之不渴。 故他處人目之以飮水道人。

東槎漫詠

《自仁港由木道前往馬山浦, 阻風未進, 夜臥浪泊, 口占一律》

放浪江湖一布衣, 明時自謂任閑機。試看局勢多危險, 欲說邦交辨是非。日域天低波杳杳, 星槎歲暮雪霏霏。愧吾從事無材力, 恐被詩人素食譏。

《仙子前洋舟中》

風煙海國泛孤舟, 身世飄然坐浪頭。非取榮途名與利, 只緣王事不遑休。

《南陽 臥龍館有感》

先生昔駐臥龍山, 梅自垂花鶴自□。三顧如非魚水密, 百年應得草廬間。隆中耕讀知何處, 海外驅馳又此間。停馬懷人人不見, 誰將漢祚濟維艱。

《到大阪, 見造幣、製器、工作、鍛鍊等處, 歸路口占二絶》

造錢製器勢全雄, 竗法新方外國通。依樣葫蘆非不美, 民生其奈怨年豐。【日本田稅有常定價, 若年凶穀貴則可以刷納, 年豐穀賤則稱貸而不足。】子孫之計築長城, 從古狂愚有幾嬴。文德未修唯尚武, 鑄兵猶不及銷兵。

《上元宵, 見月懷國》

爲客殊方興盡消, 羈窓虛度上元宵。 癡終難賣錢何較, 聾欲無治酒不招。 曆象還從風土異,【日國自用西曆, 不以今宵爲上元。且煤氣一開, 夜禁大弛, 無日不燃燈踏橋, 無日不飲酒取樂, 更無酬佳節之俗焉。】家山也隔海波遙。 登樓仰見中天月, 應照京城廿四橋。

憑仗王靈駕海船, 蕭條旅館迓新年。 山川有限分殊域, 日月無私共一天。 此地遠遊孤節冷, 今宵獨坐瘦燈懸。 知應故國梅花發, 輾轉相思客不眠。

《書贈小島》

春入榑桑雪盡浮, 海波一樣接天悠。 仙緣雲幕徐生島, 使節霜侵鄭子洲。 東土停驂尋舊迹, 西風解纜壯今游。 最憐兩國橋頭月, 遍照人心夜滿樓。

《見床頭小梅放花有感》

盧仝夢覺相思夜, 工部詩成忽憶時。 堪把一枝春色好, 美人窓下踐佳期。【右懷國】

和靖先生未返家, 西湖疏影任橫斜。 書來忽報窓前信, 便是山妻不是花。【右思家】

憐爾梅花不遇人, 人嚬花笑自爲隣。 從知嚬笑無相害, 畢竟年年共一春。【右自解】

《步陳參贊哲甫韻》

山猴海鰐性驕驁, 人理難馴自古然。 來歡和親非本意, 頑苗奉討復何年。 臥薪常撫燈前劍, 見石思張月下弦。 生世男兒須努力, 安民報國此夤緣。

星槎春泛榑桑域, 海上孤蹤意渺然。郯子輸心傾蓋日, 終軍齎志棄
襦年。山河棊錯縱橫局, 歲月弓調緩急弦。試聽峨洋彈一曲, 萍逢亦係
此生緣。

《夜坐無寐, 旅懷蕭然, 走筆成二律, 寄陳哲甫》
壞瀛萬里故園賒, 獨對寒燈旅館花。始信舟中皆敵國, 還容榻外幾
人家。魚龍波靜春風至, 戎馬塵消夜雨多。只有袁安自然涕, 餘痕交濕
枕邊斜。

自從滄海汽輪浮, 蜒雨盲風未迄休。人鬼何心同世界, 山河無地讀
春秋。殷師故國徵遺俗, 韓使殊方賦遠游。意內商量多少事, 中宵不語
獨依樓。

《扇面題一律, 應小島來要》
傾蓋逢迎析木瀕, 愛君儒雅出於眞。裝如流水無長物, 扇引淸風寄故人。
竹心不改交情久, 紙面相看夢想頻。別後休嘆滄海闊, 天涯亦可比爲隣。

《日見時事新聞, 搆虛捏無, 張皇紙上, 秋堂大人詠三絕以見志, 余和
而解之》
東來使節寸瑕無, 時事傳聞語太殊。只信中心如白玉, 不關蠅鳥自
喧呼。

附原韻
信書誰謂不如無, 一紙新聞處處殊。文字都從錢癖起, 子虛烏有慣
招呼。

伊呂波文識者無, 行間字裏與常殊。堪嗤藤葛橫魔界, 不過風呼雨
亦呼。

【영인자료】

東槎漫錄

동사만록

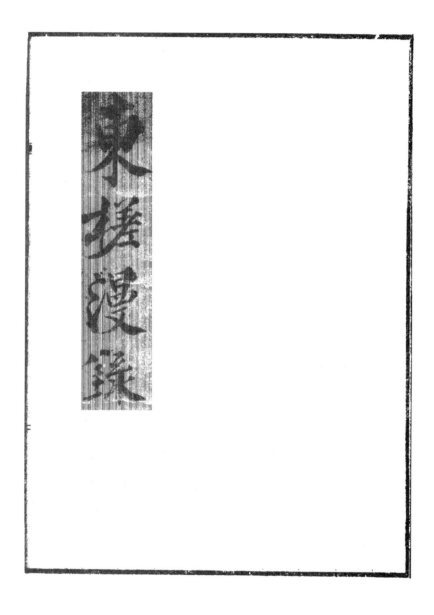

東槎漫錄

甲申十月十七日夜凶逆金玉均朴泳孝洪英植徐

光範徐載弼等挾日兵作亂驚動

乘輿屠殺宰輔謀危宗社禍興不測中國駐防諸

將吳兆有袁世凱張光前等率兵入宮逐出倭

兵奉還

大駕亂克戡定而英植為亂軍所誅其餘四逆混於

倭兵逸入其國

二十七日　傳曰泰議交渉事務徐相雨禮曹泰判

除授全權大臣差下協辦穆麟德兵曹泰判除授

2

副大臣差下前往日本商辦事宜使之不日登程

十一月初一日交涉衙門草記幼學朴戴陽全權大
臣從事官差下使之付軍職事　傳曰允當日兵
批付司勇

初五日交涉衙門草記主事鄭憲時陞差泰議其代
司勇朴戴陽差下令該曹口傳下批事　傳曰允
初七日離京出敦義門外雨雪紛三冒雪行到麻浦
津左營兵房白南益率兵駐紮津頭以病改差以
沈宜弘代之姑未赴陣雪止風作泥濘滑三艱抵
富平梧柳洞三十里止宿夜穆麟德自仁川上来

六抵此邸宿將入京止一日還到仁川同發云

初八日晴朝炊㱑行抵濟物浦館于監理所始投剌
于督辦時督辦趙秉鎬以譚辦事与泰議高永喜
主事李種元来此滯邸本倅族叔齊賊氏監理洪
今淳學来見是日泰西各國公使来晤督辦所向
晩竹添来見督辦言再明日將進京見大臣談辦
云夜微雪

初九日晴申時量自衙門抵書於上使大人使之即
向南陽馬山浦轉進旅順口賃舩駛往東京穆公
自京即徃南陽等候云當夜秋堂丈従早路向南

陽去余与通事一人驅從一人仁川將校一人領

行具炊時登艇：：敝風逆賣止未發夜臥浪泊口

占一律詩現下

初十日晴撥船頭日南風放艇無由戍時量始得西

風順風張帆終夜行艇至八巻隊外仙子前洋留

碇以待天明雪橫遶容頭髮為白氷生床褥肌膚

皆青舟人進飯麂糠盥水不堪下咽錐在天山雪

窖恐不過此臥占一絶詩現下

十一日晴早炊行艇天晴海濶水色澄明島嶼兩

對崎帆檣在㵝出没嵩師指兩山之間波濤杳冥

虞曰彼乃馬山浦而其海上島青島上烟自者非
島也乃清國火輪艦云微風無力波伏不興督嵩
工搖櫓行舟申時抵馬山浦秋堂丈先到舍于村
廬方苦待余至一行團聚覽寫然有喜但穆公尚
不求到自濟物至馬山沿海形勝無輸於濟物山
勢隱伏可以遞壁水道縈回可以藏舟無籔澤之
陰優於橫艦京城偏近朝啓夕達此在昇平時猶
為物貨都會之處若值戰途縱橫首先必爭恐不
在他 國家海防之設苦其晩也
十二日朝[雨/雨]夕陽夜多風清國欽差吳大徵副使續

昌船来泊馬山浦

十三日晴夜左揆兵判兩札来到云日人將入京駐
尾洞金輔國家各國公使忩皆上京穆公不可容
易啟發而全權一行想難尒駐馬浦不如移住于
本邑

十四日晴八南陽邑舘于臥龍舘遷下吏黃来源家
蓋邑與臥龍躬耕處同名故名舘以臥龍也余見
而有感仍賦一律詩現下主倅梁丙燠出見是日
吳欽差率兵丁三百人亽止宿於此

十五日朝雪午晴塘馬便付書於徐兄陽伯

十六日陰　兵判書来到云中日各派大使来此商辦

穆公日行早晩無定紛本倖来見速日擾劇未嘗

閑話是日始得燕□□叩其氏族乃前營將柱石之

于柱石於　萬東廟以清州營將作詩曰

萬東廟下夕陽時杜宇聲々古木逃茅屋無人徵

故事桂林何處讀遺詞有生天地難逃義寧死男

尻不顧私左鎮將軍投綏起西風淚洛錦江渚乃

投印大歸昔有一友人為余誦其詩傳其事余傾

聞而艶稱之未嘗忘也今逢其子不覺欣然如舊

十七日陰風見徐兄谷書兵判書又来云日本全權

8

大使井上馨率兵艦未泊仁港兵丁四百餘名已
下陸或云二千餘名再明入京日行待此商辦後
起程全權一行還京同日爲忻㪽
十八日晴自南陽離發抵水原五十里止宿留守金
箕錫出見
十九日或陰或陽凌晨發行抵果川四十里中火晡
時入城
二十一日陰曀日使井上馨 陛見以左揆爲全權
大臣使之從速商辦
二十三日晴政府与日使譚辦立五欵條約

二十六日晴上午六點鍾井上馨還發近藤真鋤爲

署理公使

二十七日晴詣 闕謝 恩回路往外署尹兄汝晦

入直

十二月初七日政皆辦金允植協辦朴定陽

蓬萊趙秉乘待從遠以今文恪爲晤所北信陽候

二十一日微雪使名改全權爲欽差發行抵梧柳洞

止宿

二十二日抵仁港本倅已上京日本領事官少林端

一来見秋堂丈聞丁軍門汝昌来此与監理徃中

國理事官李乃榮館逢姚賦秋覃頌三兩人夜姚

賦秋來話旹目清秀筆翰適妙真可愛也

二十三日晴秋堂丈往訪丁軍門姚賦秋於理事館

夜監理邀余設酌盡醉而歸

二十四日微雪巳正登日本商艀小管九未時發碇

同舟人高洲正輔通刺護行高洲是大坂協同商

會人也余半世井觀未嘗涉險遭此危亂之際奉

命於魚龍窟上射虎叢中　國祉方深使命易踐

君讐未復禍機難測自當此行人皆為我危之於

我心亡不能無危慮及登艀岾碯生死禍福一聽

於天惟義視歸襟期自然安閒王尊之比馭范滂

11

火攬響無乃先複者那但煤油之氣觸鼻煙爐果難堪耐

八眼爨舉伊

二十五日晴竟夜鎮日舟過忠清全羅慶尚三道海

風作浪驚舟搖靡定一行諸人皆嘔吐頭卧但聞

火輪鼓浪響動心膓海濤接天勢倆守宙渙掩達

窓靜息而卧任他一舟隨波上下

二十六日晴申時舟抵赤間關使舟人通知地方官

俄而一小艇来迎下陸舍於風月樓中樓邊毉株

柑子顆竹林間石棧鱗々抵樓下有

漆齒一女子跪迎導由層梯登樓二層上鋪陳

修潔窓櫳皆以琉璃為飾
翠松綠竹隱映蓬席間
海生山光與斛降見案上夕飯纔完夜雨驟至竹聲
如濤樓勢如舟雖風人騷士放曠自得者堪助閒
愁況萬里殊域遠涉滄溟歲暮旅館寒不可眠者
我所携蟹纜銀未及交換艇資噫價無以稱酬穆
必寄電信於釜山海關此去釜山近二十里纜了
一時回報来到付滙票於銀行借款以給樓中有
兩美妹皆年可十五六其羞妙者玉逆来徃此路
當為觀眠者渠言月前聞玉均過此妾徃要見玉
均在艇中匿不出見即向神戸云日本風俗男貴

13

女賤凡係店舍接應皆使婦女軮掌故雖對他國
人少無着愧色与素昧人裸體同浴不以為怪海
陽撩俗処以暉膓其服色只着廣袖一周衣長與
襪褪等齊上有褁衣可壓胷以下三無褁衣登降
時赤條〻的兩脚露出脚以上六皆可見帶用綾
縱廣可五四寸首經靑衣領甚潤項露肌膚髮無
兩髻以頂髮塗脂油後歪如喪冠合於腦髮作髻
加雲鬟於其上以簪編揷此一國同然高洲有所
幹於此辭去寄電信於大阪同社人高湏謙三另
加護行云自仁港至此為三千里

二十七日微雪上午四點鐘遞登三光九與肥前州

佐賀縣人深川嘉一郎同䒤鎮日談話頗不寂寞

是日天晴風微波濤不驚時啟逢窓縱目游觀海

面如鏡天水相暎游魚出躍一角四足大如乳牛

問諸舟人謂之海鹿舟過防州硫黃山陽讚岐等

諸島山勢峙不高峻

在望起為田始無開墾地余謂嘉一郎曰土地如彼

其磽瘠民產得無困于答曰不惟土瘠民生果無

藥業其所以資生特由力穡故恒多困苦余曰賦

歛輕重何如曰以其所穫較其所翰更無餘粟或

有稱貸不足民無業者此之謂也深川郎是富
商而有子九人火輪船十餘隻家産從

孫以一輪船泛於海上游覽天下以終餘年為計
云其為人頗淳慤而無文辭下午十一點鐘泊

讚歧國多度津留碇一時許同舟人有卸行李故
也自赤間關至此為一千一百里此去神戸四百

里云

二十八日微雪旋晴上午十點鐘抵神戸濱川郎辭
去地方官遣屬員来迎下陸館於西村絹旅舍神

戸即日本大港口

砲臺稅關層樓傑閣聯絡水瀬築埠頭巨入海長

可數百步廣可十餘間沿海左右皆以石築可計

程八九里大道如天左右列肆皆層屋粉壁照耀

玲瓏商賈販物皆載獨運車或携或推紛紜街路

上并無負戴者迎接人率雙馬車来一諸邏地死列呵

玩賞請往觀之隨正副使同乘一車御者舉鞭一

魔馬驕嘶車輪轟電掣之間至一處下車入

里門緩步尋景見路傍有石碑題以南山城楠公

社問土人曰此乃楠正成之遺址耶曰然土人前

導過一行閣穿茂林二盡處露出石碑無數羅立

17

皆為楠民墅也從石碑間轉入廊閣中有石臺二
墓又轉進至一處有石圍中有一大銅甕腹圓而
中空上下斜合高可五六尺腹之兩傍雕龍二口
吐水泠泠瀦於石圍之邊有池之水清漣左右叢
薄幽邃可愛池之上有楠公碑高可三四丈立
如柱明治十五年所豎也碑後有屋屹然益以木
皮依然如繩錯但見户外有屐不聞人聲長廊畫
静古院烟消山禽野鳥上下啼噪兩已従屋後入
竹扉々內叢竹欝密雜木蒸籠或新經手栽或徒

費目巧餘無足觀徵雪飛撒夕氣陰寒連日波濤

上勞憊之餘神氣楮挫無心賞覩邊歸旅館解衣

額床地方官來言自此至橫濱將過太平洋遠江

灘若非迅快艇必難利涉容俟一兩日乘快艇得

達為好云

二十九日晴是日俟往橫瀨艇滯留神戶不勝湝鬱

同一行諸人將往大坂游覽乘腕車一人力車至驛

遞所即傅車亭也輪車至此駐傅行人或升或降

每十里二十里必有傅車處焉傅車處各有男女

上中下待合等所蓋車㸃有三等處所故也車未

至時未屆行人駐此等候買上車標二以紙造印
三等与自某迄某字將出門二於欄柜厪容一人
守門者持剪刀立傍行人臨門示標守門者以剪
刀剜標一隅還授行人始出門上車至所到處下
車入門時又為證攄若失此標更徵車貫十點鍾
乘火輪車之製火筒在前車屋在中粧物在後
大者車之屋數十輪載物之車十餘輛互相牽制
而挽其機關則汽升烟起前者馳而後者隨可繼
可急由於機關故小謂之緩怠車由鐵道抵大坂
百里俻途一時得湊所過山川風物皆從瞥眼者

過到此始見原野廣開田疇平鋪田間多種素茶

茶晚翠連疏畦綠抽或犖錘糞田或汲水灌畎牛

車載物携歸野徑兩澹霧濃煙罨畫幕村落蔚然春

意似我曆二三月風景館於八勝樓中樓即店名地方

官遣廚員自男川實福水口熊雄等來迎高須謙

三來見大坂是昔日關伯所都慶形勝繁華較神

方倍勝引海為溝橫亙百餘里閭閻樓臺臨水左

右虹橋縱橫帆檣出入西京諸山把翠於後浪華

一江縈白於前朝雨橋霽麗明墻鮮夕煙鴻抹皓

月無邊春靄縱錦冬雪積縞之時一登此樓可眺

人摩眼而消人詩竟也平秀吉舊址在其南城高
濠深勢甚雄麗此秀吉費平生力自為身謀其排
布規模非不堅緻營建未幾渠自先死後仍為關
白所居之地今關白點見罷無存惟有城堞連雲
樓閣控海而已往觀造幣局機器工作鍛鍊等
處造幣製罷皆學西法甚捷且利宜若富強可立
而致國內空虛民生憔悴者何也求利甚悉而利
輸於外國治兵甚勤而兵害於大本如此而能使
國富能使兵強者吾不信也歸路口占二絕
三十日晴早炊穆公要往見地方官秋堂丈以病闕

穆公獨往訪上午十點鐘還到郵邊局地方官始

來見歸神戶下午二點鐘秉山城九終夜行艘過

太平洋此夜即除夕也遙憶故國隔在萬里滄波

餞舊近新於鯨濤鰐海之上雖　王事驅馳不敢

言私對燈無寐

乙酉正月初一日晴下午五點鐘抵橫瀨自外務省

遣奏任御用掛三輪甫一外務一等屬淺山顯三

六等屬奧山巖御用掛鹽田松四人來迎薄暮乘

汽車入東京自橫瀨七里計以我國程里七十里精養軒夕

飯後移住新橋南鍋町伊勢勘樓

初二日晴正副使往外務省傳　國書及奏辭副本

与外署照會少頃即間本國生徒等來見

初三日晴飯田三治來見飯田即福澤諭吉學校中
人有資給於選均有標契故今來示標索錢正使
大人嚴辭却之

初四日多風外務卿井上馨來見且致書言再明日
午前十時日主接見公使

初五日風對馬島主宗重正使屬員尾崎延太郎通
刺對馬一島与我國偏近其土壤硫礦民産多艱
常服事我國賴而仰哺故自

列聖朝恒軫懷柔之德諭敎賑之若有倭艇漂没於
邊海致斃人命以文移該國助恤其家迄于
聖上御極彌光前烈克遵其規清蹕宇内恩覃海外
兩宗重正世守其臬感化歸德風懍尖尖自明治
維新以後盡廢其職驛留東京家居養閒每聞我
使入其國必遣人納剌講修舊好可見我
聖朝德化之被遠也我國人李樹廷本芸楷家德從
人甚巧慧捷給頗解文字仍八日本薙髮為教師
是日奬清國教師張滋昉来見滋昉文詞贍富九
長於詩家本江南曾宦歷侍郎年今五十餘毛髮

種種迷不知返猶旅遊殊域爲月金之所賣甘心
扵陳相羣之所不屑其志操甚鄙悖不能強假辭
色彼些不再來要見其後逢清公使問張滋昉何
如人答曰只聞其名不見其面焉知其人夫以同
國人同在異國城中猶不相訪甚可訝聞是染扵
西教者

初六日晴引導官率馬車二輛來迎扵是具冠服捧
國書橫進宮自旅館可計程十餘里至則以木柵
圍繞設雙扉扵柵繞入柵又有一門入其門即至
殿閣下車入宮內省少憩室中有梅花木芙蓉

26

柑子松樹諸盆羅列階下金沙平鋪白狗臥眠戈

松薈竹鬱密於庭外碧池綠苔隱暎於樹間恍然

有山林之趣此本寺利而今姑權御蓋雜新之初

德川之亂東西王宮盡被灰燼及亂定歡營建日

主以國財窘絀謝之令始營建於舊址七年為限

云官內諸員及外務卿來會少選引導官自內而

出傳進見之命乃啟 國書櫝解表裏紅帕正使

袖奏辭從事官捧 國書以外務卿為前導由複

道行數十間有門二外遶屏由屏邊轉身入門堂

見日主身長可六七尺面長而鰺眼有精釆身著

洋服以黃金繡菊花於前後兩襟此陸軍號也緞
金條作縱橫置兩肩上又金繡作圈如楪子大加
兩腋上此海軍號也以一長金色條廣可三四寸
者荷自左肩至于右腋如我國佩金銀牌一樣此
兵隊號也身邊佩四五勳表此各國有相加之例
脫禮帽在手立於椅子邊左右有十餘侍臣服色
別無差異但海陸之號無兼而有勳者有表而已
表以金造或以寶石五色各具形如時表或稜或
圓入門時行禮但黙頭而已少進又黙頭至其前
又黙頭正使讀奏辭畢從事官等　國書授正使

28

正使捧進日主親受授侍臣六親讀祝辭說使傳
語官勞問使臣致謝後退步却行三行禮如進見
時仍出門平步蓋退步却行者面君告退時不忍
背君之意也面君時不忍背君則不面君之時乃
可以背君那昔有終身世不背南者其心常戀宗
國雖坐臥六不忍忘也何嘗以步趨向背論忠逆
那趨以来齊行以肆夏之時未嘗退步却行六未
聞有背君者今日人之退步却行面君倣於西俗有損
軆皃甚不細可駭可笑然顧其意則非不善矣欲
說禮則嫌逼屠門

初七日風正副使往訪各國公使

初八日風各國公使來訪陸軍卿大山巖致書約以

正月廿三日 初九日歷三月 鹿鳴館夜會

初九日風晴

初十日晴正使大人往訪清國公館來此以後每見

新聞紙論我國事件語多爽實或稱以謝罪使或

目以事大黨論斷朝政譏刺甚衆誠可惡也主人

有一女名菊要余索筆甚勤不得已題一絕贈之

曰金閨種菊度年華聞是東京苐一花不有淵明

誰得採色香惟屬酒人家余意則以為此地雖有

菊名人無元亮之靖節則其色香不過淪沒於酒
肆娼樓之中甘為識者之所嗤蓋識之也日邦人
不解其意以為朝鮮欽差大臣愛菊娘贈詩刊諸
新聞紙甚可笑也秋堂犬聞之作三絶余亦和兩
解之詩并現下

十一日朝雨晚晴英公使來訪

十二日晴此地瀕海四時多風來此以後無日不風
動慶鸞樓榭軒窗遙搖硏冒念人騷亂今日始得
好天氣隨正使往觀博物舘八由南城門出束城
門城凡三重雖不甚高皆濠深石完但無雉堞八

無離樓與門扉行數里餘有一洞口兩邊樹木葱
蔚皆以木欄圍繞到館門前下車得入門標始入
門〻內左右設欄當路有機關如我國纜車文俗未名
形但可轉而入不可轉而出〻門時由他門〻有
機關可出而不可入〻館內上下二層周游遍覽
人形佛像書鈆字畫琴簧服琓農桑耕織金銀銅
錫醫藥卜筮水漁山採牲禽獸美花異卉与夫
本土所出外國所産或有真形或以假狀區以別
之各有間架皆以琉璃障蔽眩耀左右出門又轉
至一處從樹陰間下石棧行數十武乃動物舘即

鳥獸圖也入其門左壁上烟波連漪游魚沉浮余
初疑之以為活畫乃諦視之以琉璃為壁二間野
水上覆鐵網使之通明也步步深入行閣列立閣
內獸有猴熊鹿兎猫犬狐狸貙野猪水牛禽有鶴
孔雀鷲鳶梟雁鶻鵤鷗鴉雜雄其餘彩羽奇翎不
可枚數兩山禽野獸皆置屋內內有鐵網外有木
欄深鎖之凡屬水鳥穿一大池池邊立鐵柵上覆
鐵網使不得飛去余問迎接人曰作此館兩儲此
物今為幾年荅云十年間事余乃心善曰日本開
國數三千年必有賢辟良佐鳴其間矣曾未有此

近自開化以来汲：營造鳩聚遄通工作物種其
費幾何使博物者觀之或有取焉終非今日天下
為國急務窃乎君心斯蕩民生愈困而猶欲安乎
夸夫徽視隣國不滿一哂也上車又轉至淺草寺
寺在閭里中屏門外設橫杠木使不得騎馬由之
自屏門至寺門可百餘步並鋪磚石寺内有五層
塔彩色眩耀殿閣高聳丹艧玲瓏殿裏香烟裊裊
傍有二枯釋對案端坐依然如活佛男女駢肩而
至或熱香禮佛或擲錢獻誠粉粉攘攘殊無半點
清淨之意寺傍有賣花家坐床歇脚評花品草主

人女子進茶：罷復出寺門乘車由吾妻橋挾長
川而下川水平流安如澄潭兩邊層樓粉壁皆在
水影中輕刀短橋往来於其上還渡兩國橋歸于
旅館余昔秋堂丈曰此可謂天設之險也若非火
輪心無外憂此一性所以相傳之火也但其景象
之美麗物色之繁華皆由製作之奇巧殆無自然
之氣像逼真畔睞人其目實與懶玩之題曩者年
少輩不知韵折一經游覧心神動邊以為其奇巧
可學而為其繁華可艷而習其法制可摹而取治
遊可樂而豪放可發至於富強亦可立而致動欲

縱性浪費公財以至倡亂稠人家國此皆由平日
心地上無實學之致也由是觀之世之謂經術元
益於國家者實為亂賊之前茅矣秋堂丈曰君言
是也薄有才技而不善讀書反不如無才技而不
讀書之為愈也且此邪一花一草一樹一石無不
被人巧者凡屬居處冕用皆受其毒然兩偶慢侮
中國譬諸詩家昔王漁洋門人謂漁洋曰先生之
五言高出唐人〃之詩不專用工先生之詩一
句一字精力皆到漁洋曰此所以不及唐人處與
此何殊夜井上馨致書以今月十八日

午后七時霞關〔外務省〕晚餐差進為期

十三日陰往教塲觀步騎砲三軍操練及兵隊學技

藝者夫齊馬運砲馬騰車馳開合回旋制極精銳

在兩陣相見於平原之時可一試而若遇山嶺石

遲恐難為力歸路訪外務大輔吉田清成二遊

學西國十餘年歸為大輔為人頗詳明儀貌清秀

眼有精彩接語移時座中人指床上西人攔真而

笑曰乃如之人儀形与我不同其取日女生祅心

類其形良可怪也余笑曰氣類自是不同儀形安

得相似但人面雖同而人心難保其如一是可歎

也向晚伊藤博文來見告明日發向中國

十四日晴徃觀電信局三長工部大書記官石井忠
亮出迎以漢文書欽差正月一日抵東京九字贈
局中人使寄托釜山且以言托轉達本國京城電
信人眼看書字手摩晃械三三隨手低昻節三有
聲盖手勢低昻之間自有機關書字言語能相通
知於萬里之外曾不幾時且問釜山陰晴時午前
十一點鐘此地天氣清明而釜山方陰曈欲雨云
此去釜山六千餘里也萬里陰晴雖不能相同不
過一時聲息相通怳若奇術者之謊說然從前徑

驗無一錯誤西法之使人眩惑大槩類此午後往
觀煤氣局正副使乘馬車余乘腕車驪後而去馬
車迅馳腕車不及路歧相失車夫攜至一處人海
涌沸車馬填咽如天大道無地行車進後聞之此
乃郵遞所而伊藤博文方發與京路傾城出餞于
此車夫行五四顧不見正使轍迹且不知所向方
位有惝怳色向余有言而余聽之如啞聲余告以
所向而渠不聽如聾者畢竟吾与渠耳皆聾而口
皆啞余在車中獨歎且笑曰聾者猶言啞者摘聽
今乃一人之身而聾啞無之一人聾啞猶難況兩

人聾啞將何以堪余乃以手為口以眼為耳作字
樣而示之誰知渠目忘盲以手招衙人～々至前
余書朝鮮旅館四字示之其人向車夫指路復歸
館舍率通事往至煤氣局～々在海邊煤氣盛張東
京之內處～々煤燈皆由此燃爇又轉進至琉璃廠
琉璃現廢不造厰內所儲甕皿不甚殷富
十五日晴往觀故宮後苑夾路兩旁竹林松峴州藏
費馬馳車轉於樹林之間纔入洞口平陸曠開
金莎齊鋪以木欄周圍此乃日主暇日馳馬試釦
之塲又轉至一曲有一亭稱以飛瀑館遠望小瀑

懸流於岸上石崖水落沙平溪水澄澈登館少憩
館人進茶茶罷步從一木橋至山轉後潭水如藍
有短舫繫在水瀬島嶼中設前窻架連豆數十武
架下有二奇石雙立碧紺如青琅玕洵可愛也又
轉至一處署於門外曰泰觀者休憩所入門廃庭
庭下有池池邊有一種物非木非石冪以鐵網間
諸守官人此乃松根化為奇物其物名莫詳其年
代莫徵云由飛瀑溪邊步步尋源窮路轉斷岸
陡起石棧循序而進至最高處上有一小閣
門皆淡掩庭除左右翠屏對寂少無參差引導人

舉手指雲外峯巒曰彼乃富士山而登此逢望者
也余曰屢日往來扵戎馬塵埃之間心神頻擾惱
始得清賞山水儵然有濠濮間想引導人曰海邊
有一勝區名曰瀬御館不欲徃觀乎曰諾乃出門
上車行至其處館在池邊藤架爲橋池上木橋依扵
如行閣由木橋過池登一高阜即臨大海之邊岢
以石築統以木欄連亘數百里循欄而步北至數
百武引海水入池處也深滿高閘闥閈頻有術馬
又轉徃增上寺々是德川氏之顴堂輙內金佛金
一室石燈石碣羅列全剞俗本崇佛致其

椏盛若以費財言之不下累巨萬國内有如此寺
不可枚數云僧夕歸館今夜即上元宵也春戀家
國旅懷難禁夜會本國生徒設酌暢懷可使北海
入偶變為漢境但生徒言語衣冠反為不善變者
環視四座悄然無樂夜分諸人皆散步仍不成眠燈
樓望月下樓思鄉負手散步衣襟凄然入室對燈
得二律 謄現下
十六日晴正副使往橫瀕訪各國公使穆公簿暮還
歸秋堂丈乘小輪舶轉進橫濱賀歷覽造艇
十七日大風午後四時秋堂丈歸自橫濱賀

十八日風朝起見本月十二日寄來徐兄書執書懽

忻悅若從天而降往觀海軍操練泊一大輪舡於

海水洞曲慮習戰禦之技上下帆檣如踏平地矣

若鷹擊伏若鳥竄覘敵動靜隨機應接咱貴捷速

但可慮者火攻而防禦之策恐眛虞也午後正副

使往觀工部大學校余神氣不寧未能裸觀夜赴

外務省約會席半井上馨笑謂正使曰今夜之會

必無貴國郵司之變少勿到慮正使笑曰貴國設

或有郵司之變与我無干涉何慮之有馨曰貴國

大君主必歷覽如我國者然後開化速成矣正使正

色曰不然宣力四方尊主救民人臣之職分為人
臣子使其君奔走他國其可曰國有臣平馨曰如
露西亞英法等國主心皆周游各國必而後返能
致富强何傷之有正使曰此在歐羅巴則或然而
亞細亞界中訊有人君親自游覽各國者乎夫君
人治國之道不出户而教化行於天下何事於役
役道路間甚馨曰公言乃千年以前事也恐不合
時措之宜正使曰古今雖或異宜非古無今酌古
通今経國之大猷公言太屬過當有实戶者曾遊
中國而歸在庭進曰昔尧舜心甞巡狩方岳人君

遠遊於古有徵正使曰此巡狩域內以行黜陟之
政何嘗游覽他國乎蓋日廷現居顯要者自太政
大臣以下多是浮浪輕剽人游歷西國歸倡國難
勒制其君變亂舊規朔設新制言語文字衣服居
處皆從西法天壤間只知有泰西不知千載上唐
虞何許君民也三代何許政治也尊君適所以移
其權使臣適所以何其意至於君不君臣不臣逆
曰開化當如是甚矣開化之既人國家也自今以
後睦仁氏之鹿恐未知屬在誰手
十九日晴往謁夫子廟門外立碑題曰宗京圖書館

入門至正殿有懸板以金字書大成殿自殿門外
由衙衙入夾門至正堂夫子金像安於龕室中主
壁端坐左右有顏曾思孟四位金像皆渾身蒙塵
未嘗洒掃此國六當尊崇孔孟之學奉像致敬講
習經傳自開化以後盡廢經史藏於夾室正
堂左右滿架書册盡是洋文而已余隨正使行瞻
拜禮徘徊瞻望不覺惘然而歎曰夫子之道其大
無垠而夫子之命其窮愈以矢既不見容於當時
數三千年之後又此困阨陽九之會何其多也雖
然曾國春秋大義有在則乘桴浮海非我戲師故

國兩何哉轉徙師範學校蓋有男學校女學校選
男女四五歲以上立長教誨各有處所列坐椅子
間架不差其最幼者先習手戲以針綠穿各色紙
或圓或長各有間隔如竹纓然稍長者以木片學
豎屋于至八歲以上入小學校教以書數兒械盡
圖之法十歲以上入中學校廣小學之事務求博
物女子六隨齒陛次教以書籍筆畫刀劉之工每
食後皆使運動一女子以贊美聲洋樂節奏眾女
子兩手皆持木彈丸應響叩擊手舞足蹈回旋進
退与學兵制者無差異蓋使之動邊血脉疾病不

作往觀陸軍士官教塲砲兵工廠馳馬放砲跳躍
村畷作攀高攻險爭先賈勇之狀技藝漸向精熟
又學筭數測候圖畫工匠之術無治然後始為上
將夫日本師律兵制非不精強自西國人觀之直
未免兒戲况幅員之廣狹士馬之健弱不侔
師無地水之丈人兵咁市井之游民乃欲學人之
術而折人之衝不亦難乎使人〻皆為連蒙則善
矣不然則彼之技先窮而吾之才只一黥䐉而已
兵志所謂泰山也累卵也膀敗之形不待見敵而
決矣故必欲自強莫如修德曾子曰彼以其富我

以吾仁彼以其財我以吾義盂津之師不能敵紂

縞素之兵不能爭項而卒成大勳季梁在隨而楚

兵未加司馬相宋而敵人相戒者以德不以勢也

至於豺狼無厭犬承豕突則雖學其制難禦其鋒

學不學其敗均也若修德則兵雖敗而所修之德

猶幸不墜矣孟子所謂為可繼者實千古格論也

且臨機應變出奇制勝皆有自得之權謀忢非學

所能也

二十日朝雨晚晴修答書於徐友陽伯付郵便局

二十一日陰往觀大學校礦學化學醫學等處採礦

之法穿山荷土以轆轤懸簀上下一簀上而一簀
下連環不休引水淘沙鍊沙作屑皆以機輪事甚
捷利化學之法專以水火二氣相藉神用變幻無
端凡屬兜用皆琉璃与强水而已立一鏡於暗室
中前有懸迷鏡二綯一直一斜且置一鏡於户外
受太陽氣從户牖中有一孔影与室中之鏡遙相
對焉從斜鏡窺測則晃朗世界五色玲瓏此所以
測候黃赤道之法至醫學校髑髏滿室穢臭使人
嘔逆架上琉璃缸中多盛人臟腑以藥水漬之使
不朽腐且至一處方新死人以刀去皮割肉分解

四肢耳所不忍聞目何忍見行中上下皆回頭擁

鼻即向他處蓋西俗人有病難治瀕於死境則將

死者囑其子托屍於醫院剝皮析骨尋其受病處

使遺惠後人為人子者若不忍重死其親不遵其

意此之不孝擴而不與今日人酷慕其法至於死

骨点賣不仁極矣宣可以人理誅之哉

二十二日虜兵判書来到日人小島目生徒嚴柱興

索余筆余以一律書贈

二十三日晴和夜赴大山巖鹿鳴館宴會樓上樓下

煤燈蠟燭如攢花散美花嘉荊如縣錦歐登樓三

各國人籍⋯⋯吾校而敢！

層上黑窄；的男漢服白紛；的女子粧珮香裏

娜格聲靜秦灜朝文武率其婦女与各國人男女

桐芳⋯相⋯竟炎率舞如鐘繡叢中鳥獻羣戲日邪

女子皆能服洋之服舞洋之舞此自維新以後俗

俗推可知也尤有可笑事有一美妹年可二十餘

其女子開化不避於男子開化以前女子之無善

者從人海中忽握余手有所云；問諸舌人此乃

陸軍卿之夫人蓋謝赴宴語也余以床頭一書生

娼婦酒母之手末嘗一握忽遭此境不覺惝怳舌

人道此是我國待貴賓第一件事勿以為怪余乃

遽作欣然之色謝其設宴來速護衆勝遊此俗所
謂狂者在傍不狂者反隨而狂也男女無倫尊卑
無章至於此極甚可醜也舌人尙余指點曰彼太
政大臣之夫人也此外務卿之適妻也或舞罷曲
歌或方趨舞列余乃周覽東西從燭影下有一丈
夫褊帽寬衣雍容揖余曰今夜之賞樂乎覩之乃
中國參贊官楊樞也余答揖曰同是賞也樂與不
樂任所自取未知所取何如楊曰看到一回須欠
了滋味焉知其樂余曰大舜世遠神夔不作石聲
未諧彼相率而舞者果何邪相与一笑而散

二十四日風中國參贊官陳明遠來訪明遠字哲甫

年二十九官中書家在浙江省海盬縣曲尺術上

年冬三奉電旨隨公使徐承祖現在日本儀表端

雅學術頗正非開化中染於病俗者也

二十五日微雪夜小島貞造來訪自言守舊中人不

求仕宦退守田廬惟以農桑作業自近年始薙髮

服洋務求混迹韜晦非其素志云

二十六日風出則楚氣溢目入則杞憂滿腔終日閒

户寓心翰墨以無佳趣忽見床頭小梅放花數枝

益不禁家國之懷走筆成三絕詩現下

二十七日晴往訪中國公館与徐公使楊陳兩參賛

筆話午後往觀印刷局即造紙幣所也夫用紙幣
之法与銀金相値假使金銀錢貯萬圓則紙幣占
造萬圓紙幣之末必換給金銀錢無或低昂如我
國錢標去來⌊俗音所⌋謂但我國錢標則錢在扵私故
傳標索錢以錢行貨紙幣則錢在扵公故以紙爲
錢通行無礙然現日那紙幣有嬴而金銀見縮如
欲死摸只餘紙上空文所鑄金銀錢盡輸外國商
利民隨其術愚迷不知歷覽化學印字水機電氣
釦術等諸法

二十八日陰曀陳明遠寄一律於秋堂丈句語頗多

慷慨徐公使致書以二月初三日下午七點鐘潔

尊候叙夜坐無寐步陳哲甫得二律前

二十九日晴照會於外務省有談辨事擬明日正副

大臣郭造貴省請先行定期自入此邦正使丈欲

速竣使事遄旋歸帆每向穆公言撰兩穆公先稱

未及懐公於各館復稱外務卿在外未還且艱僾

阻銜行期未定延拕歲月不勝踧然氣類不同

語言不通無以強之茅觀動靜每事務從雍容令

日始送照會而井上馨尚在南海道未還故与外

務大輔吉田清成約共談辦午後二點鐘徃清公

館叙話薄昏歸館

三十日終日下雨自外務省照覆未令日有事末可

談辦俟明天會晤為希夜得一律詩現下

二月初一日大風午後三時徃外務省以拿交逆犯

招還生徒刷還蔚島木料等三事竟日譚判

初二日朝暘夕陰以逆犯木料事送照會二道於外

省小隐未遺封套一匣以扇子五柄酬之福澤諭

吉日邪民權黨主人也家蓄我國逆黨或恐其國

之拿交說明公法沮戲萬端且為逆黨發明如恐

不遠議評使節吹覓備至搆捏虛無不有餘力矣

一日目我國生徒金漢琦要請欽差一行喫飯正

使丈聞之謂漢琦曰我聞福澤可謂西州豪傑也

与豪傑雖有一見之願其家有通敷隱匿鄰國

罪犯其罪犯拿送則我可往矣更不敢要請

初三日晴橫瀨有燈臺局之長請欽差一行要觀燈

臺上午九點鐘徃橫瀨游覽以琉璃造燈室大如

巨鐘中可容十餘人高可數丈層～如魚鱗相接

以石油燃火其中燈旋而火焰如山稜轉而火色

異樣盖燈有層故火勢愈長有稜故火色各殊燈

在三層臺上臺如我國十字閣制度而差大直臨
海上入夜燃燈戲百里外輪船往來可照風濤巖
礁云且有各色旗號海上百里之外相為問答如
問其件事舉某色旗答云如之循次揭旗仍成一
塲談話下午三時歸館七時赴清館約會陳哲甫
贈余二詩相与筆話出入古今評論人物徐公使
承祖曰吳彼帥余少時友人也其為人甚忠懇正
大有君子風今也則亡不勝痛惜焉常伯眷州兩
人頗有才學術未正浸淫於西氏可惜也陳哲甫
曰周家祿与余同研舊友懹慨有志於世且文思

飄逸隨彼帥幕府又駐貴國或相知面否仍又曰
學問之道必貴誠正意不誠心不正而欲從事於
學問者非真學問也愚也為學之心雖懐三奔走
海上嘉志易負幸得一言衰咸以為迷塗指南秋
堂丈謝曰何敢當何敢當然竊膏聞道道溯孔孟學
穿程朱此建天地不悖俟聖賢不易者也兄之學
問克踐其域住脚實地罵謄艷服仍問曰王紫詮
何如人此否酒色中人陳曰酒色特其細節曾獻
策於髮賊朝廷欲拿殺逃在香港十餘年近者始
歸其年已暮壯心已衰去年余過其廬問以佛事

彼謝以年邁不知可笑也

初四日陰風地震室屋皆搖此地常多地震人家每
致穨壓故地震之時室中之人走為上策嗔咽街
上哭聲載路於東京方設地震學發明其由歸期
以初七日為定夜得一律寄陳哲甫

初五日大風灑雨徃辭日主ゝゝ以便服延見便服
即束西洋常服之服外務省照覆來

初六日風徐公使承祖來別贈公使及余柱聯各一
對陳逸士寄余二詩我國生徒之来留日邦者食
費及雜費總計累萬兩自欽差之来日見瞽追使

人眠食俱不甘手中現無分銅所携盤纏皆在稷

必句管未得趁即清償日事騷擾今日秋堂丈是

召債主分給標憑以還　朝後給錢尙期將招還

諸生徒兩嚴柱與俞性濬二人回國餘皆不歸

初七日晴午前八點鍾發行旅館主人及小島兄弟

隨到橫瀨告別生徒則嚴俞兩人外無一人來見

漑泗海岸隨波送目憑崖矯首艇駛人遠伫跂不

歸戀々有不忍別之意真有心人也

下午三時登商舶名護屋九四時發碇小島兄弟

初八日或雨或雪下午七時抵神戸下陸舍於西村

絹舊館

初九日或陰或暘將徃觀琵琶湖上午六時登輪車
到大阪送人扵府伯請派員護行府伯遣御用掛
浦島為助護行歷西京宇治八幡大谷稻荷等地
至琵琶湖之南業二十餘里東西八里日本國內
第一大湖之之狀如琵琶故名焉波光如鏡山色
如羅暢人骨襟耀人眼目湖上樓閣軒敞但無華
商亦無古今人詩句即一來徃商旅卸物打筭処
也方濬湖治石將欲防築工匠畢集役徒甚鉅秋
堂丈笑曰日邦山川人物之中此湖尚獨保有天

64

機又輸以人巧甚可惜也宇治多植茶八幡多種
竹宇治之茶八幡之竹皆名於國中者也大谷則
鑿山造鐵道長可八町餘以我國道里計之可尚
五里餘過此時燃燈於汽車使照車中焉稱荷神
名古之皇子死爲靈神能操縱禍福故國內家尸
西戶祝此其本土也歸路歷覽西京名山在後峯
輊秀麗曠野在前田疇沃斑此真王都之地徃在
德川之亂宮闕灰爐惟餘回廊行閣皆列肆販物
書畫之類甚富中有古昔聖賢塑像形甚短小如
我國燈市所列傀儡者以皆賣買初見不勝痛駭

日暮聖尊賢固天彝之同得故雖廟祀院亨猶懼

慢褻入廟而起於會院而講禮兩淸之思揖遜之

心不待勉強油然自生此邦之人獨非天彝中人

耶既而思之曰夫人之生也莫尊於君莫親於父

父死兩割肉賣骨君之像揭市怡慣天倫從夫人

理蔑夫責以不慕聖尊賢不亦非乎到後尭有一

殿閣官門淡開護行人要入守門者以過時不納

蓋門之開闔自有期限此非官門開闔期限已過

門內必列市肆巳時開市申時閉關而時已酉刻

矣日漸薄香歸路正長草々游覽還到大阪浦嶋

辭去下午七時抵神戶往來可六百餘里

初十日雨池主事運永來見運永前年秋以寫真罷

機贖賢事入來在病未歸藥債食費無路清償亏

在用境秋堂丈給標償債許与同歸地方官邊一

行設午饌乘昏冒雨登青龍九

十一日上午二時行艇終日風浪

十二日風抵赤間關留碇一時許發艇風猛浪驚舟

如箕簸堅臥房屋鎮日不進食

十三日大雨上午一時抵長崎島待天明下陸定館

舍於上野屋朴義秉來見要同艇歸國此芸台門

人以諺文鑄字事去年七月来此未歸長崎之水
流於兩山之間水勢平鋪山形委曲當舟楫往来
之衝屹然為海門巨鎮依山臨海村落可數千餘
戸皆粉甍櫛比市肆聯絡櫻花桃花躑躅等諸花
關開山田野圃青綠成陰来時東京神戸之花方
含蕾未放到此見花此地氣候較似先暎
十四日陰採辦木料移運来木事滯沓以未還生徒
食費任其自辦尉島木價推給德國銀行事付眎
會二道於外務省中國領事官㮍軒来見
十五日晴与俞性濬登長崎後山之無奇巖美樹可

以賞玩會意但山間往々有孤邨隱暎竹林中頗

有蕭洒之意自仁港登艇往来數萬里鉋經風濤

此日始得登陸雖勞可喜下午四時登德國商舩

十六日海風大作舟楫翻覆艱險水宗上午十一時

抵釜山浦自此乃我國境也衣冠安舊俗草木帶

欣容俄而兩三小艇輕搖来迎旗脚風翻乃我國

號也下陸歇於稅關午饒後還登艇

十七日晴風和日暎天氣清朗海色澄明舟過濟州

夜月空明海濤湯銀四顧無邊天風蕭飆爽回舟

中朗吟蕩漾海濤三萬里月明飛錫下天風之句

如聞窪鶴聲隱隱在耳邊有廐幾遇之想若使秦
皇漢武當之豈欣然寒裳濡足也
十八日陰洒雨下午四時來泊仁港花島別將來迎
安歇於監理所
十九日晴早發乗昏進京直入外署少憩自闕中
有令今日已暮明日復 命之
教仍歸社洞留宿
二十日雨衛雨詣闕肅拜有欽差大臣副大臣從
事官入 侍之 命承旨徐相祖注書朴周鉉同
為入 侍于 西湜突進說不錄少選退出

東槎記俗

昏姻無媒妁聘幣之禮但男女相見不愜於意雖父
母之命亦不從有慕悅之心即相結約迎女入門會
親戚朋友使新人侑觴仍蓄於家有少不諧則被逐
出改嫁改娶不以為恠故新嫁者有率子女徃者雖
太政大臣之家昏娶並皆如此同祖娚妹亦相聚嫁
言之醜也

自太政大臣以下至于小民皆無家廟祭先之禮只
有一神堂於家內每朝日設飯一匙或菓子等屬於
其前叩掌稽首而罷近自開化以後行此俗者亦無

71

幾存云

法律政令一從佛國規則雖勳貴權要鮮有觸犯嘗

改造鐵道禁人由行時左大臣乘車誤犯其路為巡

查所執罰罰金百餘元

凡民有罪當按治有讓員焉有裁判焉不施刑訊使

兩造對咥極其平訊雖有罪者文過飾非言能精辨

則得以脱空若辯不能圖免則政府當置代言官代

有罪者節節卞析務從輕典雖犯大辟鮮及於死惟

有懲役有無期役有期役有期役以十二年為限使

服褚衣盡力從役

有罪者無枉治刑殺之法惟驅為懲役使服褚衣赴

國役日給十錢 即我錢一兩 十錢内除一日所食其餘納

于官自官受之一二錄簿或放債殖利及懲役者年

限已屆當免役則遠遠出給無一乾沒免役者若復

犯罪与死罪不叙同謂之無期徒刑終身懲役两所

贏之錢從其所願分給其家屬或族戚焉

國内每年所用上自君祿至于外國債息 勿論本錢総計

七千五百六十萬六千五十九圓每年所入常有不

足之弊造紙幣填補國用

國内米穀所出肥前肥後两州居最餘皆硫瘠故收

賦須祿皆以錢幣稅有常定價若凶年穀價貴則以
所禳輸所納年豐穀賤則稱貸不足未能刷納者其
家產泛入於官其地稅排年徵納名以身代限謂終
其身以畢納為限也雖空乏不耕之地灾年未播之
歲亦皆收稅無或低昂近自開化以来雖窮節編祇
侈習滋長用度甚鉅而連年豐穰穀價不踊民生困
窮扡身代限者十居二三云
國內軍艦三十五隻內堅完者不過十六隻餘皆朽
敗不可用商艦三百隻而於橫須賀方造軍艦云
每陸軍常備兵三萬七千八百二十三人預備兵四

萬二千六百六人後備兵一萬六千八十八人民軍八
十八萬五千九十八人但海軍操練不及陸軍
為各學教師者每月課諸生徒以圓點多寡為殿最
如我國計劃法至年限為殿者更加一年卒業則授
卒業狀生徒自授狀日飲酒取樂朝家使之即付祿
籍行其所學
鹿兒島屬地有朝鮮村昔在萬曆壬辰我人被俘者
始居焉今為數千餘少自相昏姻不与日人嫁娶至
于今不變其俗鹿兒島人言語衣服雖是日
人其心則終是韓人云其說未可信肥前州亦有韓

人一人居焉其後商滋蔓今為五十餘戶云

此地常多大風故火災比〻有之若一家失火急敲

街鐘連次擊之片刻間聲達四境有不耕不商無賴

之徒自成一社以擊釦尚勇為業此所謂禍固黨或

為人報仇或赴人急難如古游俠者率其徒黨至失

火家以家產多寡定價救火先置一大水桶於屋上

為頭領者執旗立其傍呼眾齊力若火猛烟漲其勢

危急則入於水桶中庵旗賞勇若力或疲而旗或偃

則大雖救而不能受償焉

凡屬商賈無論大小自國管轄皆有稅則必粘印紙

然後行賣若無景憑巡查執之納罰金有差

吉園柳橋為蓄妓之處妓有色妓藝妓之別色妓則

臨門迎人任其行媧計日收稅填補出用藝妓則与

人私通若為巡查所執受罰金四五十圓三次現捉

驅之懲役

凡群飲夜話無過午後十時若或過時為巡查所

禁納罰金許免

凡治第宅極其精妙一木一石盡經月慧手巧但房

屋內必有一樞不斷不鍊屈曲古奇不中式者歷覽

諸舍每ゝ有此問諸土人謂韻勝故也

自設銀行雖卿宰豪貴富商大賈家無蓄財皆任置

銀行隨用打箟故其家儲什物無過服飾㒵用而已

其餘蕭然故雖有火災但燒家而不及扵產

神戸東京兩處所飲之水皆數百里外甘冽之泉置

覔引水々由地中行使之曲々有機家々有井注之

不渭故他處人目之以飲水道人

東槎漫詠

自仁港由木道前往馬山浦阻風未進夜臥浪
泊口占一律

放浪江湖一布衣　明時自謂任閒機試者局勢多
危險欲說邦交辨是非日域天低波杳杳星槎歲暮
雪霏霏愧吾從事無材力恐被詩人素食譏

仙子前洋舟中

風煙海國泛孤舟身世飄然坐浪頭非取榮達名与
利只綠　王事不遑休

南陽臥龍館有感

先生首駐臥龍山梅自蕾花鶴自喧三顧如非魚水又

寗百年應得草廬閒隆中耕讀知何處海外驅馳又

此間佇馬懷人之不見誰將漢祚濟艱艱

到大阪見造幣製兒工作鍛鍊等處歸路口占

二絕

造錢製兒勢全雄妙法新方外國通倣樣葫蘆非不

美民生其奈怨年豊貴 日本日稅有常定價若年齒穀賤則稱
貸而
不足

子孫之計策長城從古枉愚有幾贏文德未修惟尚

武鑄兵猶不及銷兵

80

上元宵見月懷國

為客殊方興盡消羈虛度上元宵痴終難賣錢何
較聾欲無治酒不拍曆象還從風土異〔日國自用西厓不以今宵
為上元且煤氣一開夜禁大弛無日不燃燈〕
踏橋無日不飲酒取樂更無開佳節之俗焉家山也

闊海遞登樓仰見中天月應照京城廿四橋

憑仗王靈駕海艅蕭條旅館近新年山川有限分

殊域日月無私共一天此地遠遊孤節冷今宵獨坐

病燈懸知應故國梅花發輾轉相思容不眠

書贈小島

春入槎枿雲盡浮海波一樣接天悠仙祿雲羃徐生

唐使節霜侵鄭子洲東土傳縣尋舊迹西風解纜壯

今游最憐兩國橋頭月遍照人心夜滿樓

見床頭小梅放花有感

好美人窓下賤佳期　右懷國

盧仝夢覺相思夜工部詩成忽憶時堪把一枝春色

和靖先生未返家西湖睞影任横斜書来忽報窓前

信便是山妻不是花　右思家

憐爾梅花不遇人二嚬花笑自為鄰從知嚬笑無相

害畢竟年二共一春　右自解

步陳叅賛哲甫韵

山猴海鱷性驕騫人理難馴自古然来歙和親非本

意頑苗奉討復何年卧薪常撫燈前鈞見石思張月

下弦生世罘況須努力安民報國此賚緑

星槎春泛慱桑域海上孤蹤渺然郊子翰心傾盖

日終軍竆志棄襦年山河碁錯縦橫局歲月弓調嶷

急弦試聽㦸洋彈一曲弹逢六傑此生緑

夜坐無寐旅懷蕭然走筆成二律寄陳哲甫

環瀛萬里故園睠獨對寒燈旅舘花始信舟中旹敵

國還容榻外幾人家魚龍波静春風至戎馬慶消夜

雨多只有衷安自然淨餘痕交濕枕邊斜

自從滄海汽輪浮蜒雨盲風未遠休人鬼何心同世

界山河無地讀春秋戡師故國徵遺俗韓使殊方賦

遠游意內商量多少事中宵不語獨依樓

扇面題一律應小島未要

傾盖逢迎析木瀕愛君儒雅出於真裝如流水無長

物廂引清風寄故人竹心不改交情火舩而相看夢

想頻別後休嗟滄海濶天涯心可比為鄰

日見時事新聞構虛揑無張皇舩上秋堂大人

詠三絕以見志余和兩解之

東來使節寸瑕無時事傳聞語太殊只信中心如白

玉不閟蠟鳥自喧呼

附原韻

信書誰閟不如無一瓶新聞處∶珠文字都從錢

痺起子虛烏有懶抬呼

伊呂波文識者無行間字裏与常殊堪唑藤蔦横

魔界不過風吟雨点呼

東槎漫錄

동사만록

장진엽

연세대학교 국어국문학과 졸업
동대학원 석·박사 학위 취득 (한문학 전공)
현 연세대학교 강사

수신사기록번역총서 8
동사만록東槎漫錄

2017년 10월 10일 초판 1쇄 펴냄

지은이 박대양
옮긴이 장진엽
발행인 김흥국
발행처 보고사

책임편집 이경민
표지디자인 손정자

등록 1990년 12월 13일 제6-0429호
주소 경기도 파주시 회동길 337-15 보고사 2층
전화 031-955-9797(대표)
　　　 02-922-5120~1(편집), 02-922-2246(영업)
팩스 02-922-6990
메일 kanapub3@naver.com / bogosabooks@naver.com
http://www.bogosabooks.co.kr

ISBN 979-11-5516-762-5
　　　 979-11-5516-760-1 94910(세트)
ⓒ 장진엽, 2017

정가 15,000원